LAS INSTRUCCIONES DEL FABRICANTE

LAS INSTRUCCIONES DEL FABRICANTE

Una nueva mirada a los Diez Mandamientos

David Pawson

Anchor Recordings

Copyright © 2025 David Pawson Ministry CIO

Originalmente publicado en inglés con el título:
The Maker's Instructions

El derecho de David Pawson a ser identificado
como el autor de esta obra ha
sido afirmado por él de acuerdo con la
Ley de Copyright, Diseños y Patentes de 1988.

Traducido por Alejandro Field

Esta traducción internacional en español se publica
por primera vez en Gran Bretaña en 2025 por
Anchor, que es el nombre comercial de David Pawson Publishing Ltd
Synegis House, 21 Crockhamwell Road,
Woodley, Reading RG5 3LE

Ninguna parte de esta publicación podrá ser reproducida o
transmitida de ninguna forma o por ningún medio, electrónico
o mecánico, incluyendo fotocopia, grabación o ningún sistema
de almacenamiento o recuperación de información,
sin el permiso previo por escrito del editor.

PARA DESCARGAS GRATUITAS
www.davidpawson.org
Si desea más información, envíe un e-mail a
contact@davidpawsonpublishing.com

ISBN 978-1-917360-14-2

Impreso por Ingram

Índice

	INTRODUCCIÓN	9
1.	NINGÚN OTRO DIOS	27
2.	NINGUNA IMAGEN	41
3.	NO USAR EL NOMBRE EN VANO	57
4.	GUARDAR EL DÍA DE REPOSO	73
5.	HONRAR AL PADRE Y A LA MADRE	91
6.	NO ASESINAR	103
7.	NO COMETER ADULTERIO	117
8.	NO ROBAR	135
9.	NO DAR FALSO TESTIMONIO	147
10.	NO CODICIAR	159

Este libro está basado en una serie de charlas. Al tener su origen en la palabra hablada, muchos lectores encontrarán que su estilo es algo diferente de mi estilo habitual de escritura. Es de esperar que esto no afecte la sustancia de la enseñanza bíblica que se encuentra aquí.

Como siempre, pido al lector que compare todo lo que digo o escribo con lo que está escrito en la Biblia y, si encuentra en cualquier punto un conflicto, que siempre confíe en la clara enseñanza de las escrituras.

David Pawson, 1930 - 2020

INTRODUCCIÓN

Entonces Dios emitió este edicto:

"Yo soy Yavé, tu Dios, que te liberó de la esclavitud en Egipto. No puedes adorar a otro Dios fuera de mí. No te harás ídolos, ni imágenes que se parezcan a animales, aves o peces. Nunca debes inclinarte ante una imagen ni la adorarás en modo alguno, porque yo, el Señor su Dios, soy muy posesivo. No compartiré tu afecto con ningún otro Dios. Cuando castigo a la gente por sus pecados, el castigo continúa sobre los hijos, nietos y bisnietos de los que me odian. Pero prodigo mi amor a miles de los que me aman y obedecen mis mandamientos. No usarás irreverentemente el nombre de Yavé, tu Dios, ni lo utilizarás para jurar en falso. No escaparás al castigo si lo haces. Acuérdate de observar el día de reposo como día santo. Seis días a la semana son para tus obligaciones diarias y tu trabajo habitual, pero el séptimo día es día de descanso sabático ante Yavé tu Dios. Ese día no harás trabajo alguno, ni tu hijo, ni tu hija, ni tus esclavos, sean hombres o mujeres, ni tu ganado, ni los huéspedes de tu casa. Porque en seis días hizo el Señor el cielo y la tierra y el mar y todo lo que hay en ellos, y descansó el séptimo día. Por eso bendijo el día de reposo y lo reservó para el descanso. Honra a tu padre y a tu madre para que tengas una vida larga y buena en la tierra que el Señor, tu Dios, te dará. No matarás. No cometerás adulterio. No robarás. No mentirás. No debes tener envidia de la casa de tu prójimo, ni querer acostarte

LAS INSTRUCCIONES DEL FABRICANTE

con su mujer, ni querer poseer sus esclavos, bueyes, asnos o cualquier otra cosa que tenga".

Todo el pueblo vio el relámpago y el humo que salía de la montaña y oyó el trueno y el largo y espantoso toque de trompeta, y se quedaron a distancia, temblando de miedo. Le dijeron a Moisés: "Dinos lo que dice Dios y obedeceremos, pero no dejes que Dios nos hable directamente o nos matará".

"No tengan miedo", les dijo Moisés, "porque Dios ha venido de esta manera para mostraros su impresionante poder, para que a partir de ahora tengan temor de pecar contra él". Mientras el pueblo permanecía a lo lejos, Moisés entró en la profunda oscuridad donde estaba Dios, y el Señor le dijo a Moisés que fuera su portavoz ante el pueblo de Israel. "Ustedes son testigos de que les he dado a conocer mi voluntad desde el cielo".

Éxodo 20:1–22

Esa fue una experiencia profunda y solemne. Dios les dio solo diez mandamientos para que cumplieran. Hay una iglesia a la que fui como pastor hace muchos años, en la que creo que se me recuerda principalmente por una cosa: fui el pastor que "abolió los Diez Mandamientos". Detrás del púlpito había un panel de yeso de estilo gótico en el que estaban pintados los Diez Mandamientos en color marrón chocolate. Nadie podía recordar cuándo aparecieron por primera vez, aunque muchos miembros recordaban las veces que los habían barnizado cuando se había decorado el resto de la iglesia. Siempre que predicaba, sabía que estaban leyendo, detrás de mí: "No [esto y lo otro]" Así que durante ese año el tablero pintado desapareció. ¡El pastor que abolió los Diez Mandamientos! Por supuesto, no era mi intención hacerlo.

Cristo dijo: "No he venido a abolir, sino a cumplir...". Uno de los malentendidos más extendidos es que los cristianos no

Introducción

tienen nada que ver con los Diez Mandamientos. Recuerdo haber visto una viñeta en la revista *Punch* en la que aparecía un vicario desconsolado a la puerta de su iglesia frente al tablón de anuncios que anunciaba una serie de sermones sobre los Diez Mandamientos. A través de la puerta abierta se veían bancos vacíos detrás del vicario, que miraba con nostalgia hacia el cine, donde había una gran valla publicitaria en la que se leía: *"Estupendo, sensacional, Los Diez Mandamientos"*, y había una cola de gente en la puerta del cine, a la vuelta de la esquina. El vicario miraba con cierta nostalgia a la multitud. Sin embargo, la gente que iba a ver aquella película no buscaba *santificación*, sino *sensación*. Buscaban entretenimiento, no edificación, y si bien la película se titulaba *Los Diez Mandamientos*, estos desempeñaban un papel muy secundario en la película. En su mayor parte, se trataba de una extravagancia típica de Hollywood, aunque el propio Cecil B. DeMille apareció al principio de la película y dijo brevemente que, en su opinión personal, creía que la civilización occidental se había construido sobre los Diez Mandamientos, y hay un elemento de verdad en ello.

Tengo veintiún puntos que exponer, que pueden dividirse en tres grupos.

Quiero darle siete razones por las que la gente no estudia los Diez Mandamientos y no cree que deba guiarlo a través de ellos.

Quiero darle siete razones por las que voy a guiarlo por los Diez Mandamientos y por las que creo que usted debe seguirme.

Luego le daré siete características de los Diez Mandamientos que lo harán pensar.

Para mucha gente es algo muy extraño remontarse a los Diez Mandamientos hoy.

Aquí están las siete razones que he encontrado por las que la gente dice que no debemos ocuparnos de los Diez Mandamientos hoy. En primer lugar, son normas y reglamentos. El hombre ya no necesita normas. Ha crecido y ha llegado a la mayoría de edad. En esta era sofisticada y científica no necesitamos que nos digan cómo comportarnos. Trátennos como adultos maduros, ya no somos niños. No necesitamos que nos digan cómo comportarnos. Supongan que la gente tiene sentido común.

Ahora bien, esto se dice en muchos lados en nombre de la "libertad". Lo que la gente necesita es libertad, que se la trate como capaz de auto disciplinarse. Este grito se oye en muchos ámbitos. Sería muy bonito que así fuera, pero no funciona. Cuando la gente dice: "Dejémoslo al sentido común", me temo que el sentido común no es tan común. Hemos comprobado que, en la práctica, en casi todos los ámbitos de la vida, debemos tener normas o simplemente no podemos convivir. Si me subo a mi coche, tengo que reconocer que si todo el mundo hiciera lo que quisiera en las calles sería imposible conducir. Si voy a jugar al fútbol, tengo que reconocer que, si no hay reglas, será imposible jugar. Eso es lo que pasa con el juego de *rounders*, según tengo entendido: cada vez que juego hay un nuevo conjunto de reglas. Todos los ámbitos de la vida han demostrado que las personas no pueden comportarse bien en sociedad sin reglas. Tiene que haber algunos límites a nuestra libertad si queremos disfrutar de esa libertad, y los Diez Mandamientos nos dicen lo mismo.

Alguien dice: "¿Quién tiene derecho a decirme lo que tengo que hacer? Ningún hombre tiene derecho a dirigirse a otro y decirle cómo debe comportarse". Pero Dios tiene derecho a poner reglas en mi vida. Él tiene autoridad para decirme cómo comportarme, porque me creó, y también puede delegar esa autoridad en otros.

La segunda objeción que encuentro es que los Diez Mandamientos son demasiado negativos, llenos de "no harás [esto y lo otro]". Por supuesto, no todos son así. Algunos son positivos: seis días trabajarás. Eso es positivo —no creo que sea más popular por serlo—, pero en general son negativos. La gente dice que es mala psicología. Si de verdad quiere obtener una buena respuesta de la gente, no proponga una lista de "noes", ya que tendrá el efecto contrario al deseado: creará represión, hará que deseen lo que está prohibido. Pero prefiero a Dios que a la

Introducción

psicología, si esto es lo que dice la psicología. Creo que Dios sabe más. Creo que Dios sabe que, si queremos tener alguna moralidad, no solo tenemos que definir lo que está bien, sino también lo que está mal. De lo contrario, la gente no entenderá los límites de la moralidad. Tiene que decir: "Esto está bien y esto está mal", y entonces la gente sabrá dónde está. Necesitamos lo negativo. Incluso antes de caer, Adán en el Jardín del Edén necesitaba una negativa para hacer posible la elección voluntaria. Si Dios no hubiera puesto un árbol en el Jardín del Edén y le hubiera dicho a Adán que no podía comer de ese árbol, Adán no habría tenido la opción voluntaria de elegir el camino de Dios.

Además, desde la Caída ha sido necesario que Dios añada a la lista de "no harás" porque, habiendo hecho una elección libre y escogiendo la equivocada, hay muchas otras cosas que el hombre sigue haciendo y que Dios debe decir claramente que están mal.

En tercer lugar, hay quienes se oponen a una moral absoluta y quieren que todo sea relativo. Con esto quiero decir que quieren una moral que pueda cambiarse y adaptarse a las circunstancias. La objeción es que estos Diez Mandamientos establecen absolutos, que siempre están bien o siempre están mal en cada situación. Hoy en día se oyen muchas voces que dicen: "Esa no es la verdadera moral. La moral cambiará en diferentes situaciones. Es relativa, no absoluta. No puede ser siempre así; hay que adaptarse". Creo honestamente que una vez que se pierden los absolutos en la moral se pierde la moral. Tarde o temprano, si una cosa *a veces* está bien o mal, llegamos al punto en que no sabemos la diferencia entre lo que está bien y lo que está mal. Tiene que haber algunos absolutos, aunque haya algunas cuestiones que cambien con las circunstancias.

Una cuarta objeción es que los Diez Mandamientos son anticuados. Al fin y al cabo, se elaboraron hace unos 3.500 años. ¿Cómo es posible que unas normas producidas en una sociedad y una nación tan lejanas a las nuestras, y en circunstancias tan diferentes, puedan ser pertinentes para mí hoy? Sencillamente,

LAS INSTRUCCIONES DEL FABRICANTE

están obsoletas. Había un Dr. Vine (médico) en Yorkshire que habló en un club juvenil cuando tenía más de noventa años. Una chica al final le dijo: "Doctor Vine, está usted anticuado en sus puntos de vista".

Él respondió: "Mi querida jovencita, usted vino al mundo de una manera anticuada y saldrá de él de una manera anticuada", ¡una muy buena respuesta para aquella señorita moderna!

La pura verdad es que, aunque nuestras circunstancias hayan cambiado, nuestros vestidos y modas hayan cambiado y nuestra tecnología haya cambiado, la naturaleza humana no ha cambiado, como tampoco la naturaleza divina. Dios y los hombres siguen siendo los mismos. Lea los Diez Mandamientos y luego salga a leer las noticias, y después dígame que estos mandamientos están pasados de moda y que ya no se ajustan a nuestra sociedad. Tratan de las mismas cosas con las que los seres humanos luchan hoy en día. Los titulares de los periódicos no dicen nada nuevo; todo está ahí. Nuestros problemas de relación entre nosotros o con Dios no han cambiado, así que los Mandamientos no están pasados de moda.

Quinto: "Los Diez Mandamientos pertenecen a los judíos y nosotros somos cristianos. Tenemos suficiente enseñanza en el Nuevo Testamento de Cristo sin los Diez Mandamientos. Eso es judío, eso es volver al Antiguo Testamento. Vivimos en el Nuevo Testamento". Este es un punto bastante más sutil. Permítame recordarle que Jesús era judío y que nació bajo la Ley, bajo los Diez Mandamientos. Permítame recordarle que nueve de los Diez (la excepción es significativa y la discutiremos más adelante) se repiten en el Nuevo Testamento textualmente y se aplican también a los cristianos. Permítame recordarle que Jesús dijo: "Ni una jota ni una tilde de la ley pasará", y que vino a cumplirla, a hacer que fuera traducida de la legislación a la acción, a hacer que se cumpla *plenamente*. No vino a abolir o destruir la ley.

Luego están los que dicen, de forma más sutil, que los Diez Mandamientos no deben ser estudiados por los cristianos

Introducción

porque estamos bajo la gracia y no bajo la ley, un argumento muy convincente. Estoy de acuerdo en que no estamos bajo la ley. El Nuevo Testamento dice que no lo estamos. Pero ¿qué significa esa frase? ¿Es que ahora no necesitamos preocuparnos por la voluntad de Dios? ¿Que no necesitamos estudiar sus mandamientos? Lejos de eso, esa frase se refiere principalmente a la base de nuestra relación con Dios. Si lee el contexto, está diciendo muy claramente que uno no puede establecer su relación con Dios guardando los Diez Mandamientos. Hacer eso lo pondría bajo la ley; lo pondría bajo la maldición de ella porque no puede guardarlos. Vivir bajo la ley, tener los Diez Mandamientos colgando como una amenaza sobre su cabeza, es algo que los cristianos han dejado muy atrás. No estamos bajo la ley en el sentido de tener que guardar los mandamientos para estar bien con Dios. La gracia de Dios ha producido una base completamente nueva para nuestra relación con él.

No estamos bajo la ley sino bajo la gracia. Pero en otro sentido estamos comprometidos con la ley de Dios. Diré más sobre esto más adelantes, pero el motivo para guardar la ley ha cambiado totalmente. El motivo bajo la antigua ley era estar bien con Dios y ganar el derecho, la justicia, para entrar al cielo, y falló miserablemente porque nadie podía hacerlo. El nuevo motivo para guardar la ley de Dios es la gratitud. Jesús dijo: "Si me aman, guardarán mis mandamientos", y como repitió los Diez Mandamientos se deduce que los incluye como expresión de nuestro amor. En otras palabras, ya no guardo los Diez Mandamientos para ir al cielo, sino porque espero ir allí. Eso convierte a la ley en mi siervo y no en mi amo. Ya no estoy sometido a ella.

El último argumento contra el estudio de los Diez Mandamientos es que el amor es todo lo que se necesita. Voy a llamarlo "amorismo". Hay muchos cristianos profesos (y otros) que dicen que el único mandamiento que necesitamos es el amor: que, si amamos a nuestro prójimo y amamos a Dios, podemos olvidarnos de los Diez Mandamientos. A primera vista, parece una postura totalmente bíblica, ya que el Nuevo Testamento dice: "El amor es el cumplimiento de la ley", y ¿qué significa "no matarás", "no robarás", "no cometerás adulterio" sino "ama a tu prójimo"? Sin embargo, esto tiene un terrible defecto. Si eso es todo lo que necesito que me digan —ama—, entonces no necesito ninguna de las otras enseñanzas del Nuevo Testamento.

Pero, en nombre del amor, la gente ha empezado a abogar por romper los mandamientos. La gente que dice que solo el amor es necesario está empezando a decir que el asesinato puede ser justificado si lo hacemos por amor. El adulterio puede justificarse si se hace por amor. Robar puede estar justificado si lo hacemos por amor. Mentir puede estar justificado si lo hacemos por amor. Quizás se esté preguntando en este momento como puede pensar que está amando a alguien y aun así hacer estas cosas. Le diré.

Usted tiene a un ser querido que está muriendo con un dolor espantoso y no puede soportarlo, y la persona le suplica que le dé unas pastillas. La nueva moral dice: mientras los ames, dale las pastillas, mátalo. Hay quienes sostienen que hoy en día es mucho mejor que un esposo y esposa que no pueden llevarse bien, que hacen miserable la vida de ellos y de sus hijos, y conocen a otra persona con la que podrían formar un matrimonio feliz, porque hay amor, que vayan y cometan adulterio.

¿Y una madre que roba una pieza de pan para un niño hambriento porque ama a ese niño? ¿Se da cuenta de lo que digo? Si dice que el amor es la única norma, es probable que empiece a incumplir las demás leyes. ¿Importa eso? Sí, importa. La definición que Dios da del amor es un amor que cumple los mandamientos, no que los infringe. Como nuestro entendimiento y nuestra sabiduría son limitados y finitos, necesito que me digan cómo amar. Necesito que me digan qué hará el amor. No me atrevo a confiar en mis propios sentimientos. Permítame darle un ejemplo sencillo. Dos jóvenes se enamoran y quieren casarse. Vienen a preguntarme cuándo pueden fijar la fecha. Se llevan una sorpresa.

Introducción

Yo les hablo del matrimonio, les recomiendo libros, les digo cómo prepararse para la relación, y ellos me responden: "Usted no lo entiende, pastor, no necesitamos que nos digan cómo casarnos. Todo va a ir bien. Nos amamos. Eso es todo lo que se necesita". Si eso fuera todo lo que se necesita, ¿por qué se rompen tantos matrimonios? *No* es todo lo que se necesita, aunque a veces puede haber confusión sobre cómo expresarlo. Por eso se necesita ayuda y orientación, como le dirían todas las oficinas de orientación matrimonial. Dios sabe que lo aman a él y se aman el uno al otro, pero eso no es suficiente. Él quiere guiar ese amor. Quiere decirles lo que hará el amor. Con su sabiduría y su infinito conocimiento de la situación, sabe cuál es la mejor manera de que el amor se exprese, y por eso les dio mandamientos para mostrarles cómo puede comunicar ese amor.

Creo que la verdadera razón por la que a la gente no le gusta estudiar los Diez Mandamientos es muy sencilla. J. B. Phillips tradujo una palabra de la carta a los Romanos de esta manera: "Es el borde recto de la ley de Dios el que nos muestra lo torcidos que estamos". Recuerde esa frase. Me lleva a la primera de las siete razones por las que estudiamos los Diez Mandamientos, y por qué es una ayuda hacerlo. Primero, nos ayuda a definir el pecado. ¿Qué significa esa palabrita? ¿Cómo sé si tengo la enfermedad? ¿Cómo sé si soy pecador? Una forma muy sencilla de averiguarlo es utilizar *el borde recto de la ley de Dios*. ¿Cómo sabe si una pared está torcida? Simplemente poniendo un borde recto contra ella. ¿Cómo sabe si un hombre está torcido? Simplemente poniendo la ley de Dios contra él. Gracias a Dios por la ley.

¿Sabe que los Diez Mandamientos han llevado a muchas personas a Cristo? Billy Graham, cuando predicaba, a menudo repasaba los Diez Mandamientos. ¿Por qué? Porque sabía que hasta que la gente no se siente torcida, no quiere enderezarse. Sabía que hasta que la gente no se diera cuenta de que tiene la terrible enfermedad mortal del pecado, no buscaría una cura en Cristo. Así que les muestra el borde recto de la ley de Dios.

Define el pecado. El pecado no es lo que los periódicos del domingo llaman pecado. No es lo que los anuncios de las películas llaman pecado. El pecado es lo que *Dios* llama pecado, y es una transgresión de la ley. Por lo tanto, si quiere saber si tiene la enfermedad del pecado, siéntese y lea los Diez Mandamientos, marque los que ha cumplido y ponga una cruz en los que ha quebrantado; eso se lo dirá. Esto define el pecado, diagnostica nuestra enfermedad.

Incluso después de haber venido a Cristo sigo teniendo problemas con el pecado. Mi viejo yo —lo que la Biblia llama la "carne"— sigue dando vueltas. Necesito saber si voy a crecer; necesito saber qué áreas de mi vida todavía están siendo contaminadas por el pecado. ¿Cómo lo sabré? Estudiando el borde recto de la ley de Dios.

Entonces, sea yo incrédulo o creyente, define el pecado para mí. En segundo lugar, me ayuda a recibir orientación. Espero que esto no lo escandalice, pero un hombre vino a mí y me dijo en mi cara que se sentía guiado por Dios a dejar a su esposa e irse a vivir con otra mujer. Me dijo muy sinceramente que había orado al respecto, que había pensado en ello y que estaba convencido de que Dios le decía que lo hiciera. Yo me convencí enseguida de que Dios no decía eso, porque Dios no se contradice.

Necesitamos dos tipos de orientación: la general y la particular. La orientación *general* sobre la voluntad de Dios se aplica a cada persona en cada situación, a toda la vida. La orientación *particular* es la voluntad de Dios para mí en estas circunstancias y en este lugar. Los Diez Mandamientos se refieren a la orientación *general*. Creo que algunas personas tienen dificultades para recibir orientación particular porque ignoran la orientación general. En otras palabras, si no estamos ya en línea con la voluntad *conocida* de Dios, es improbable que obtengamos respuesta a la pregunta *desconocida* de su voluntad. ¿Qué derecho tengo a pedirle una orientación particular para mí en una situación si estoy ignorando todo lo que ya me ha dicho que haga?

Introducción

De modo que la orientación general nos ayuda a recibir orientación, a partir de la cual Dios está dispuesto a guiarnos de forma particular. He aquí un ejemplo: Creo que Dios está mucho más interesado en cómo hacemos nuestro trabajo que en qué trabajo hacemos. Sin embargo, decenas de jóvenes han acudido a mí para preguntarme sobre esta cuestión de la orientación respecto a su trabajo, y su preocupación por lo que deberían hacer. ¿Debo ser misionero? ¿Debo ser carnicero? ¿Debo ser abogado? ¿Qué debo ser? Me da ganas de decir: "Mira, Dios está mucho más interesado en que seas un buen abogado y un buen carnicero y un buen misionero". La orientación general de Dios en la Biblia es ésta: haz tu trabajo para la gloria de Dios. Si una persona no está haciendo ya su trabajo actual para Cristo, cualquiera que sea ese trabajo, ¿por qué debería esperar que Dios le diga qué trabajo quiere que haga? El orden es: la guía general de la voluntad de Dios primero, la guía particular después. Los Diez Mandamientos son la guía general.

En tercer lugar, nos ayuda a comprender el carácter de Dios. Alguien que lea los Diez Mandamientos podría decir: "Para empezar, es un aguafiestas. Es una especie de Dios que en cuanto te diviertes te dice: "No harás [esto o aquello]".

Es más bien como el niño que fue a la escuela y le preguntaron: "¿Cómo te llamas?". Respondió: "Me llamo Juancito no". Así lo llamaba siempre su madre. La sensación es que los Diez Mandamientos nos muestran el tipo de Dios que se sienta en el cielo y dice: "Alguien se está divirtiendo en la tierra. Envía un mandamiento de inmediato". Nada más lejos de la realidad. Le diré qué clase de Dios revelan los Diez Mandamientos: un Dios que tiene estándares muy altos para empezar, y que quiere lo mejor para la gente, un Dios que no intenta estropearnos la diversión, sino que dice: "Si haces eso, te estropeará la diversión". Es un Dios que dice: "Si quieres disfrutar de la vida, yo la hice, y aquí están mis instrucciones para su uso".

Si quiere obtener lo mejor de su vida y de su sociedad, así es como debe funcionar. El Dios que quiere lo mejor es el que se revela en los Diez Mandamientos: un Dios que no se contenta con menos. Así pues, los Diez Mandamientos nos ayudan a comprender algo importante sobre Dios.

En cuarto lugar, los Diez Mandamientos nos ayudan a evitar el sufrimiento. Hay dos formas de conocer el mal. Una es escuchar a otra persona, y la otra es hacerlo uno mismo. Conocer el mal de primera mano y no de segunda mano tiene un efecto trágico. Dé gracias a Dios si conoce el mal de segunda mano. Le ahorrará mucho sufrimiento. Ese fue el problema del árbol del conocimiento del bien y del mal en el Jardín del Edén. Dios no quería que Adán lo tocara porque no quería que conociera el mal de primera mano. Quería que creyera en su palabra —que existe el mal— y lo dejara allí.

Permítame darle una ilustración realista. Hay una joven que es casta y disfruta de la inocencia. Pero es una chica moderna y dice: "No voy a escuchar a mis padres que dicen que la castidad está bien y la falta de castidad está mal. Voy a descubrirlo por mí misma. Voy a experimentar estas cosas y llegar a mi propia conclusión".

Descubrirá que la falta de castidad está mal, pero lo descubrirá por las malas, porque uno de los efectos será que ya no podrá disfrutar de la inocencia. Su conocimiento del mal será de primera mano, pero su conocimiento del bien habrá pasado a ser de segunda mano. No podrá volver a la inocencia. Ella puede ser perdonada, pero no puede volver a la inocencia, que es algo diferente. Dios no quiere que experimentemos el mal de primera mano. No quiere que enfrentemos el sufrimiento. Quiere que conozcamos de segunda mano el mal y de primera mano el bien. Los Diez Mandamientos están ahí para evitar que la gente tenga conocimiento de primera mano del mal con la pérdida de la inocencia, que nunca más podrán disfrutar una vez que los hayan quebrantado.

En quinto lugar, el estudio de los Diez Mandamientos nos

Introducción

ayuda a elevar el nivel de nuestra vida comunitaria. Lo que nuestro país necesita desesperadamente son ciudadanos respetuosos de la ley, no solo los que acatan leyes humanas, sino los que acatan leyes divinas. Nuestra comunidad está pereciendo por falta de personas que reconozcan ciertas normas y directrices. Jesús enseñó que, si realmente actuamos de acuerdo con las directrices, actuaremos como sal en la tierra. Se refería, por tanto, a actuar como fertilizante y desinfectante. Estos son los dos usos de la sal que tenía en mente al explicarlo: un fertilizante para promover el crecimiento de lo que es bueno y un desinfectante para limitar la propagación del mal. Enseñó: "Ustedes pueden ser sal". Lo dijo justo antes de hablar en el Sermón del Monte de no abolir la ley, sino cumplirla. Si hubiera más personas en nuestra comunidad que reconocieran los Diez Mandamientos, nuestra vida social se transformaría en este país.

En sexto lugar, el estudio de los Diez Mandamientos nos ayudará a guiar a nuestros hijos. Permítame pintarle dos extremos. Digamos que hay dos adolescentes de familias diferentes. En una de ellas, todo está establecido según las normas. La madre y el padre siempre están poniendo normas. Así que el padre y la madre lo tienen todo establecido. El pobre adolescente siempre tiene que ir y venir a la hora adecuada y todo lo demás. Hay una represión en ese hogar, y el adolescente dice (y he oído a una chica decirle esto a su madre): "Espera a que sea lo bastante mayor para salir de esta casa. Tendré mi propio piso y me desharé de ti. Me voy a marchar".

Ese tipo de hogar represivo que no es más que reglas y normas tiene un efecto perjudicial en los niños. Pero, en el otro extremo, tenemos otra adolescente: a sus padres no les importa cuándo llega. No hay normas. "Aquí está la llave de la puerta: cómprate pescado y patatas fritas, es todo gratis". Lo interesante que han descubierto los psicólogos es que este segundo adolescente se sentirá terriblemente inseguro, que eso le hará daño, que en realidad la libertad de hacer lo que quieran cuando eran niños

LAS INSTRUCCIONES DEL FABRICANTE

no es lo correcto y les producirá una profunda inseguridad. Curiosamente, los adolescentes aprecian mucho cuando los padres tienen normas razonables. Les da seguridad, porque conocen los límites dentro de los cuales son libres. Dañamos a un niño, por un lado, no teniendo más que reglas y normas, y por otro, si no tenemos ninguna. La seguridad que entra en un hogar cristiano donde los padres están bajo las mismas reglas que los hijos le da a un niño esa directriz, esa conciencia instintiva, que lo va a ayudar durante toda la vida a sentir que hay cierta seguridad.

Eso no significa que un niño acepte todas las directrices tal y como las interpretan los padres. Cuando un niño crece tiene que preguntarse: ¿tenían razón mis padres al decir que eso estaba mal? Yo mismo he llegado a ciertas conclusiones que difieren de los juicios morales de mis padres, pero eso no es un argumento sobre los Diez Mandamientos. Sabía que mis padres los reconocían tanto como yo y que todos estamos sometidos a ciertas directrices claras.

Siete, los Diez Mandamientos nos ayudan a agradar a Jesús. ¿No quiere hacer eso si es cristiano? ¿No quiere agradarlo? Entonces la respuesta es muy sencilla. Jesús dijo: "Si me aman, guarden mis mandamientos. Así me agradarán. Así demostrarán que realmente me aman". Jesús vino a cumplir la ley. No vino a deshacerse de ella. Vino a ayudar a la gente a cumplirla. Nada agrada más al Señor que aquellos que muestran su amor guardando sus mandamientos. Le está diciendo al Señor Jesús: "Te amo tanto que tu deseo es mi mandamiento".

Ahora pasamos al tercer y último grupo a modo de introducción: siete características de los Diez Mandamientos simplemente para que se haga una idea. Aunque hay unos 630 mandamientos en el Antiguo Testamento (y más de 1100 imperativos en el Nuevo), *estos* mandamientos son solo diez. ¿Es una coincidencia? Diez dedos. A los niños judíos se les enseñaba a memorizarlos con los dedos. Dios los puso de forma tan sencilla que cualquiera de nosotros puede memorizarlos. En dos manos

Introducción

tiene cinco mandamientos que nos relacionan con Dios y cinco que nos relacionan con otras personas: muy sencillo. El quinto, por cierto, "Honra a tu padre y a tu madre", es en realidad un mandamiento que nos relaciona correctamente con Dios, porque hasta que seamos personas maduras, nuestra madre y padre son las autoridades delegadas de Dios para nosotros. Al honrarlos, lo honramos a él. Espero que pueda recitar todos los Diez Mandamientos de corrido. Si no, ¿por qué no aprenderlos ahora?

En segundo lugar, fíjese en que Dios es lo primero. Una de las ideas más comunes que tengo que tratar de corregir todo el tiempo es la idea que se ha extendido de que si cumplimos los segundos cinco no necesitamos preocuparnos por los primeros cinco. ¿Se ha encontrado con esto? "Ama a tu prójimo y sé amable con él y cumple eso, y Dios te perdonará las cinco primeras". Todo estudiante solo tiene que ocuparse de cinco de diez. Usted conoce este razonamiento. Existe la idea de que mientras amemos a nuestro prójimo eso es todo lo que Dios exige. Jesús dijo: "El primer mandamiento es amar a Dios", poniendo los cinco en uno. Dijo: "El segundo mandamiento es amar al prójimo como a uno mismo", poniendo los cinco en uno. Pero fíjese en cuál dijo que él era el primero. Antes de que empiece a pensar en estar bien con su prójimo, los Diez Mandamientos lo llevan al asunto: ¿Qué hay de Dios? ¿Ama primero a Dios? ¿Guarda sus mandamientos? Así que Dios primero.

En tercer lugar, los mandamientos se dirigen a un individuo: usted. La palabra "tú" está en singular. No están dirigidos a comunidades. No están dirigidos a grupos de personas. No están dirigidos a países. Están dirigidas a usted que está sentado en un banco como si fuera la única persona en el edificio. "No harás [esto o aquello]" significa que cada persona es responsable ante Dios solo de una persona: de sí misma. Dios trata con nosotros como individuos y no dice: "Gran Bretaña está quebrantando mis leyes". Él dice: "Tú lo estás haciendo".

En estos días es demasiado fácil creer en lo que yo llamaría

LAS INSTRUCCIONES DEL FABRICANTE

el mal colectivo. Ya sabe: "¿No está el país en un estado triste? ¿No está el mundo en un lío espantoso y no son espantosas esas personas que lanzan bombas?". Es tan fácil decir "ellos", pero Dios dice: "*Tú*, tú solo. Solo te haré responsable a *ti* de obedecer mis leyes". Estamos solos ante Dios para responder si hemos guardado sus leyes.

Cuatro: los diez mandamientos abarcan acción, palabra y pensamiento. No solo se refieren a la parte que se muestra. Un niño pequeño es enviado por su madre a lavarse las manos antes de comer, y luego vuelve. "A ver, ¿te has lavado?".

"Sí".

"Dales la vuelta. Vuelve arriba".

A nivel adulto nos comportamos como niños pequeños. Intentamos hacer bien la parte que se nota, pero no nos molesta tanto la parte que no se nota. Pero los mandamientos de Dios no solo se refieren a las acciones externas, como matar o adulterar, sino también a las palabras: "No des falso testimonio", y con pensamientos: "No codicies". Se ocupan de cómo somos tanto por *dentro* como por fuera, lo que hacemos, decimos y pensamos, toda nuestra personalidad. Por eso Jesús enseñó que se puede asesinar con una palabra y cometer adulterio con un pensamiento. No debemos limitarnos a decir: "¿He guardado este mandamiento en acción?", sino: "¿Lo he guardado en palabra y en pensamiento?". Entonces estará leyendo correctamente un mandamiento.

En quinto lugar, los mandamientos son diez, pero en realidad son uno. Juntos forman una unidad, como un collar de perlas perfecto con diez perlas de la sabiduría de Dios. Son una unidad y, por lo tanto, la Biblia dice muy claramente que, si lo rompemos en algún punto, hemos roto toda la ley. (Vea la epístola de Santiago, capítulo 2.)

Si mi esposa tiene un collar y el hilo se rompe en un solo punto, ¿sabe lo que me dice? No dice: "El hilo se ha roto en un punto". Me dice: "Se me ha roto el collar". ¿Lo entiende? Piense en una cadena que tiene un montón de eslabones que está haciendo un

Introducción

trabajo —tirar de un coche, o levantar un peso— y un eslabón no está, se ha roto. Todo está roto. Es muy importante darse cuenta de que los Diez Mandamientos son un todo. No existe el aprobado con "seis de diez". Si rompe uno, habrá roto todos. Dan una imagen de la voluntad de Dios para su vida, y si la rompe en cualquier punto, habrá estropeado el patrón.

En sexto lugar, el hilo que une todas estas diez perlas puede resumirse en una palabra: respeto. Respeta a Dios: respeta su posición (no hay otros dioses aparte de él); respeta su carácter: no hay imagen como su personalidad. Respeta su nombre. Respeta su día. Respeta a sus representantes: tu madre y tu padre.

Luego, cuando pasamos a la segunda parte: respeta la vida de tu prójimo; respeta su matrimonio; respeta su propiedad; respeta su reputación. ¿Acaso no es el respeto una de las cualidades más escasas en nuestra sociedad, con sátiras y comedias sobre cualquiera y sobre todos, una sociedad que disfruta destruyendo a las personas y convirtiéndolas en objeto de burla? Dios nos dice que lo respetemos a él y que nos respetemos los unos a los otros.

Por último, observe que Dios dirigió los Diez Mandamientos a los que se habían salvado. Dice: "Yo soy el Señor, tu Dios". Sus palabras significan: "Solo te hablo así por lo que he hecho por ti. Yo te saqué de la esclavitud de Egipto y por eso tengo derecho a decirte: 'Así es como quiero que respondas, así es como quiero que vivas ahora. Te he dado tu libertad, pero estos son los límites de esa libertad'".

La voluntad de Dios es para aquellos que han sido redimidos y salvados principalmente. Creo que estos Diez Mandamientos son para aquellos que han sido sacados de la esclavitud a la libertad por Dios. ¿Sabía que cada uno de los Diez Mandamientos conllevaba la pena de muerte? ¿Sabía que Dios se toma muy en serio sus mandamientos?

Yo solía pensar que esto era injusto. "Dios, lo tienes todo desproporcionado. ¿Por alguno de ellos condenarías a muerte a un hombre?". La respuesta de Dios sería: "Sí, ¿sabes por qué? Porque quiero mi universo bien, lo quiero perfecto, y si has roto aunque sea uno, has estropeado mi universo. No puedo dejarte vivir para siempre en él. Lo estropearías para siempre". Es solemne pensar que estoy ante Dios como un infractor de la ley que merece la pena de muerte. No merezco vivir para siempre en el universo de Dios. Dios me ha dicho que no puedo si quebranto sus leyes. ¿No hay salida? Bueno, hubo un hombre, solo uno, que vivió hace dos mil años y cumplió cada uno de los Diez Mandamientos todos los días de su vida durante treinta y tres años. Entonces el pago la pena de muerte por mí es Jesús. Si yo no conociera a Jesús estaría muerto de miedo por los Diez Mandamientos. ¿Y usted? Las personas que los escucharon originalmente estaban aterradas, y su respuesta fue: "Moisés, sácanos de aquí rápido. Dinos tú lo que Dios dice. Dios se está acercando demasiado a nosotros". Así era como se sentían pero, cuando vino Jesús, la gente no se sentía así. ¿Por qué? Porque él vino a cumplir la ley y tenía una nueva manera de hacerlo, no aterrorizando a la gente, sino muriendo por ellos, dándoles un amor tal que quisieran guardar los mandamientos.

Dios, te damos gracias porque no nos creaste sin más y nos dejaste para que descubriéramos cómo vivir, sino que te mantuviste en contacto con nosotros y nos dijiste lo que estaba bien y lo que estaba mal. Te damos gracias por la seguridad que esto nos da como hijos tuyos. Señor, te pedimos que antes de empezar a pedirte orientación sobre las cosas de las que no estamos seguros, nos empeñemos en hacer aquello de lo que estamos seguros. Te amamos y queremos obedecerte. *Amén*

*"Obedecer y confiar en Jesús,
es la senda marcada para andar en la luz".*

1
NINGÚN OTRO DIOS

Mientras Pablo los esperaba en Atenas, le preocupaban profundamente todos los ídolos que veía por todas partes en la ciudad. Iba a la sinagoga para discutir con los judíos y los gentiles devotos y hablaba a diario en la plaza pública a todos los que se encontraban allí. También tuvo un encuentro con algunos filósofos epicúreos y estoicos. Su reacción cuando les habló de Jesús y de su resurrección fue: "Es un soñador" o "Está promoviendo alguna religión extranjera".

Pero lo invitaron al foro en el Areópago. "Ven y cuéntanos más sobre esta nueva religión", le dijeron, "porque estás diciendo cosas sorprendentes y queremos oír más". Debo explicar que todos los atenienses, así como los extranjeros en Atenas, parecían pasar todo su tiempo discutiendo las últimas nuevas ideas que tenían.

Así que Pablo, de pie en el foro del Areópago, se dirigió a ellos de la siguiente manera: "Hombres de Atenas, me he dado cuenta de que son muy religiosos, pues mientras paseaba vi sus muchos altares, y uno de ellos tenía esta inscripción: 'Al Dios desconocido'. Lo han estado adorando sin saber quién es, y ahora quiero hablarles de él. Él hizo el mundo y todo lo que hay en él y, como es el Señor del cielo y de la tierra, no vive en templos construidos por el hombre, y las manos humanas no pueden atender sus necesidades, porque no tiene necesidades. Él mismo da vida y aliento a todas las cosas y satisface todas las necesidades que existen. Él creó a todos los pueblos del mundo a partir de un solo hombre, Adán, y esparció las naciones por toda la faz de la tierra. Decidió de antemano cuáles debían surgir y desaparecer y cuándo. Determinó sus fronteras. Su propósito en todo esto es que busquen a Dios, y tal vez, a tientas, lo encuentren, aunque no está lejos de ninguno de nosotros. Porque en él vivimos y nos movemos y, como dice uno de sus poetas: 'Somos hijos de Dios'.

Si esto es verdad, no deberíamos pensar en Dios como en un ídolo hecho por los hombres con oro o plata, o tallado en piedra. Dios toleró la ignorancia del hombre sobre estas cosas en el pasado, pero ahora ordena a todos que abandonen los ídolos y lo adoren solo a él. Porque ha fijado un día para juzgar de manera justa al mundo por el hombre que ha designado, y lo ha señalado resucitándolo de nuevo".

Cuando oyeron a Pablo hablar de la resurrección de una persona que había estado muerta, algunos se rieron, pero otros dijeron: "Queremos oír más sobre esto más tarde". Así terminó la discusión de Pablo con ellos, pero unos pocos se unieron a él y se hicieron creyentes. Entre ellos estaba Dionisio, miembro del consejo de la ciudad, y una mujer llamada Dámaris, entre otros.

Hechos 17:16–34

El primer mandamiento es: "Yo soy Yavé, tu Dios, que te liberó de tu esclavitud en Egipto. No adorarás a otro Dios fuera de mí". No es exactamente la forma que quizá conozca bien, sino otra traducción. Todo el mundo tiene que tener un dios; así estamos hechos. Alguien dijo: "Si no hubiera un Dios tendríamos que inventar uno". Huxley dijo que todos los hombres y mujeres tienen un vacío en forma de dios en su alma que se siente vacío y hueco. La naturaleza humana, como la naturaleza, aborrece el vacío, y quiere llenarlo con algo o alguien.

Alguien tiene que ser el centro de nuestra vida. Alguien o algo

Ningún otro dios

tiene que atraer nuestro afecto y nuestra devoción. Tenemos que confiar en alguien o en algo que dé sentido, valor y propósito a nuestra vida y que nos acompañe. El hecho de que todo el mundo tenga un dios hace que el primer mandamiento sea tan necesario. Esto hace que los seres humanos sean únicos entre todas las criaturas de la tierra. Ningún animal ha revelado jamás un vacío con forma de dios en su alma. Nunca se ha visto a ningún animal orando o haciendo algo que pudiera interpretarse como orar. Ningún animal se ha reunido nunca para intentar fundar una religión de ningún tipo. Los animales no muestran conciencia alguna de la necesidad de relacionar sus vidas con algún centro de amor y adoración.

Todo ser humano necesita tener un dios, lo que hace que sea sumamente importante encontrar el *correcto*. Pero alguien podría decirme: "Mucha gente hoy en día se las arregla muy bien sin ningún dios. Hay menos religión alrededor, menos gente va a la iglesia, menos gente habla de Dios, y la mayoría de mis vecinos parecen llevarse bien sin un Dios". Pero no se equivoque. *No* se las arreglan sin Dios. Puede que no vayan a la iglesia, puede que no lean la Biblia, puede que nunca mencionen la palabra "Dios", pero cada uno de ellos está intentando desesperadamente rellenar el vacío con forma de Dios que hay en su alma.

La pregunta importante que hay que hacer a la gente es la siguiente: ¿cuál es el nombre de tu dios? Si tiene problemas para hablar con un ateo, o con cualquier otra persona, pídale que escriba el nombre de su dios. Si tiene dificultades para pensar en el nombre, diga: "¿Cuál es la última cosa o la última persona que quisieras perder? ¿Cuál es tu afecto más preciado? Escríbelo, y ya tienes el nombre de tu dios". Lo importante no es si creemos o no en un dios. Es el *nombre* del dios en el que creemos lo que importa.

Existe, pues, esta doble relación entre nosotros y nuestro dios, sea cual sea o quien sea ese dios. Por un lado, acudimos a nuestro dios para recibir ayuda, guía, protección, sentido, realización y satisfacción. Por otro lado, miramos a nuestro Dios para rendirle homenaje, para tener un punto focal para nuestras ambiciones, para nuestros afectos, para nuestras aspiraciones. Todo esto necesita algún tipo de objetivo. Ahora vamos a ver los tipos de dioses que la gente tiene.

Se pueden dividir en dos grupos: dioses sobrenaturales y dioses naturales; las cosas en las que creemos fuera de la naturaleza y las cosas dentro de nuestro mundo material. Todo el mundo tiene un dios en uno u otro grupo. O creemos en un dios sobrenatural de algún tipo o en un dios natural de algún tipo, pero son muy similares cuando los miramos.

En primer lugar, me voy a referir a los dioses sobrenaturales. Hoy en día es muy difícil para muchos de mi generación imaginar que la gente crea en más de un dios. Durante siglos, a la mayoría se le enseñó desde la infancia que solo hay un Dios. Lo absorbimos con la leche materna, la suposición de que solo hay un Dios. Por lo tanto, cuando hablábamos con la gente de "Dios", dábamos por sentado que hablábamos del mismo al que nos referíamos nosotros.

Esto ha formado parte de nuestra herencia. La mayoría de nosotros crecimos en un país donde el monoteísmo —la creencia en un solo Dios— era la actitud normal. El ateísmo, por supuesto, significa la creencia de que no existe ningún dios.

La mayoría de nosotros no ha vivido en un país donde el politeísmo es la norma (politeísmo significa creer en muchos dioses). Imagínese ir por la calle principal y encontrarse con la señora de al lado y preguntarle: "¿Cómo está su dios hoy?" o incluso: "¿Quién es su dios hoy?". ¿Se imagina tener un dios que se ocupara de los domingos y otro dios que se ocupara de los lunes y otro de los martes, un dios que se ocupara de su cocina y de las cosas que ocurren en ella, y otro dios que se ocupara de sus hijos y de lo que les ocurre, otro dios que se ocupara de su jardín y de las plantas que hay en él, otro dios que se ocupara de su negocio? No es una situación inusual en nuestro mundo.

Ningún otro dios

Muchas culturas tienen tantos dioses que uno se encuentra en una confusión total. Estamos empezando a darnos cuenta de nuevo de lo que es el politeísmo por varias razones. Históricamente, la inmigración ha cambiado el abanico de religiones de la tierra. Así que probablemente vivan cerca personas que no creen en su Dios sino en otro. Algunos creen en un dios llamado Alá, un nombre que usted nunca ha utilizado en su iglesia y nunca lo hará. Es el nombre de otro dios. Algunas personas son hindúes, y si le pregunta a un hindú por el nombre de su dios le dará una lista de nombres, porque cree en muchos.

Estas personas que creen en otros dioses forman parte de nuestra comunidad. Durante mi vida ha cambiado el rostro de la educación religiosa en las escuelas. ¿Qué dios va a enseñar a los niños cuando en la misma clase hay niños cuyos padres creen en Alá, o en Yavé —el Dios y Padre de nuestro Señor Jesús— y en un sinfín de otros dioses?

Estamos volviendo a una sociedad politeísta en el Reino Unido. La migración no es lo único que ha provocado el cambio. El mundo occidental se interesa cada vez más por la cultura, la filosofía y el arte orientales. Así que estamos trayendo más dioses a este país. Algunos practican el budismo zen. Algunos aprenden yoga. La gente aprende estas cosas y estamos volviendo a ser una sociedad politeísta en la que la gente dice: "Mi dios es este", "Tu dios es aquel", y utilizan diferentes nombres para sus dioses. Esta era la situación en la que habían vivido los judíos. Eran esclavos en Egipto, y los egipcios tenían muchos dioses diferentes. Tenían un dios del Nilo, que cuidaba del río que les daba la vida. Tenían un dios del sol ardiente que brillaba sobre Egipto. Tenían muchos dioses, y muchos nombres para esos dioses.

En el mundo antiguo, cada nación tenía al menos un dios propio y la mayoría de las naciones tenían muchos. Dondequiera que fuera, la gente adoraba a dioses con nombres diferentes. No hablaban de "dios" sino del nombre, y siempre nombraban a su dios. Si hubiera preguntado a alguien en muchas épocas: "¿Crees en Dios?", le habrían respondido: "¿En cuál? Creo en este, pero no en aquél". Es en ese trasfondo —que estamos empezando a ver nuevamente y a comprender, cuando hay una amplia elección— que Dios dijo: "Nadie más que yo. Ningún otro dios aparte de mí. Tengo que ser solo yo".

Necesitaremos decir esto cada vez más en nuestro mundo, un mundo que se está encogiendo, en el que la gente se está interesando por muchas religiones, en el que el interés por el ocultismo, en el que muchas religiones están teniendo un impacto. Un mundo que se ha cansado del materialismo científico y está volviendo de nuevo a lo sobrenatural, y a todos los dioses del mundo sobrenatural.

¿Ahora puede ver que este mandamiento es una bendición encubierta? Simplifica la vida. Nos da un objeto de adoración en lugar de muchos.

Una vez me dieron un folleto en el sur de Irlanda que me decía a qué santo orar para cualquier problema en particular. Había 159 en la lista. Había de todo, desde dolores de muelas hasta apendicitis, pasando por un matrimonio roto. Ahí estaba la lista de santos. ¡Qué complicado consultarla! "¿Qué nombre uso esta mañana para este problema?". ¡Qué complicado sería orar a muchas personas!

El primer mandamiento es una gran simplificación de la vida. Enseña que solo tenemos que tratar con un Dios. ¿No es un maravilloso paso adelante? Es un mandamiento liberador.

Es una oferta de vida sencilla. Aprendemos que él puede cubrir todas las necesidades: protección, guía, realización, satisfacción. Solo necesitamos un Dios. No necesitamos a ningún otro. Es una oferta. Está diciendo: "No necesitas preocuparte por todos los dioses diferentes. Piensa solo en mí".

Comenzamos este capítulo con Hechos 17 porque cuando Pablo visitó Atenas dijo: "Vi que son religiosos".

Dondequiera que iba a lo largo de la calle principal había templos, altares, lugares de culto, nombres de dioses en cada altar,

Ningún otro dios

todos los dioses griegos puestos en fila, y al final había un altar con la inscripción: "Al Dios desconocido". ¿Sabe por qué pusieron eso? Para asegurarse de que no se habían olvidado de ninguno. Un día hubo un terremoto en Atenas. Se produjo un desastre y la población dijo: "Uno de los dioses debe de estar enfadado, pero ¿cómo averiguamos cuál?". El sacerdote dijo: "Suelten un rebaño de ovejas por la calle principal. El altar junto al que se acuesten todas es el dios que está ofendido. Entonces deben sacrificar las ovejas en ese altar". Las ovejas fueron por la calle. ¿Sabe que no se acostaron ante ningún altar? Muy sabiamente, pasaron junto a todos los altares y se acostaron en un campo al final de la calle. Todos los sacerdotes se reunieron y dijeron: "¿Qué hacemos?". Entonces uno dijo: "Creo que debe haber un dios que vive en ese campo. Pero no sabemos su nombre". Así que levantaron un altar, y así es como el altar llegó allí. Lo pusieron en el campo al final de Atenas: "Al Dios desconocido. Pensamos que los teníamos a todos contentos, pero debe haber otro".

Pablo llegó a esa ciudad y dijo: "Vine a hablarles de un Dios, el único que no conocen, aquel cuyo nombre no conocen, ese que está al final. Voy a hablarles de él. Es el único que existe. Él lo ha hecho todo. No vive solo en un campo. Él hizo todo lo que existe. Ustedes viven y se mueven y tienen su existencia en él. He venido a hablarles del único Dios".

¿Sabe que es un mensaje liberador? *Ningún otro dios* significa libertad. Ahora puede alejarse de toda la inseguridad y los miedos de cuántos dioses hay mirándonos desde arriba, a cuántos tenemos que mantener contentos, cuántos seres hay en el cielo. Podemos mirar hacia arriba y decir: "El Señor nuestro Dios es uno", y eso significa seguridad. Lo era para los judíos y lo es para los cristianos que creen en el Dios judío. Nuestro Dios es uno. Es una oferta de un Dios que se ocupa de todo.

Al mismo tiempo, es la exigencia de *una relación exclusiva*. Está diciendo: "No formaré parte de tu vida a menos que sea el único Dios en tu vida. No tendré rivales en tu corazón. No quiero que vayas por la calle a otro templo para asegurarte. Debo tener tu lealtad exclusiva. Esa es la exigencia que corresponde a mi oferta. Me ocuparé de todas tus necesidades, pero debo ser el número uno y el único en tu adoración".

Ese era el primer mandamiento en una situación politeísta. ¿Cumplieron los judíos ese mandamiento? La triste respuesta, si lee el Antiguo Testamento, es que no. Tan pronto como se mezclaron con gente que creía en otros dioses, algo sucedió: se enamoraron de esa gente. Los jóvenes de Israel se enamoraron de jóvenes que creían en otro dios. Este ha sido uno de los problemas más serios entre el pueblo de Dios a través de los tiempos. ¿Qué pasa cuando uno se enamora de alguien que no cree en el mismo Dios? Fue eso más que cualquier otra cosa en la historia de Israel lo que los llevó a introducir otros nombres en su religión. Si lee la historia de Elías, verá cómo luchó sin ayuda para que dejaran de adorar a un dios llamado "Baal", y cómo otros profetas lucharon sin ayuda para que dejaran de adorar a muchos otros dioses de las naciones que los rodeaban.

Quizá piense que algunas de estas cosas no afectan directamente a su vida. No creo que la mayoría de los lectores de este libro vayan a ir corriendo al templo de Baal. La mayoría de nosotros nos hemos criado en un país en el que, aunque había diferentes denominaciones, todas hablaban de la misma persona, aunque había algunas variaciones de ideas sobre esta persona. Las diferentes denominaciones, si iba de iglesia en iglesia, todas decían hablar del mismo Dios, y usaban el mismo nombre para ese Dios.

Ahora hay muchas religiones no cristianas (y sus lugares de culto) a nuestro alrededor. Pero tal vez piense que no es probable que corra detrás de otros dioses (aunque algunas personas sí lo hacen). Puede que haya heredado la tradición inglesa de creer en un solo Dios y le resulte muy difícil pensar en más de uno. ¿Significa eso que el primer mandamiento de Dios no tiene nada que decirle? Ojalá fuera así, pero me temo que tiene mucho que decirnos. Fijémonos en lo que mucha gente utiliza hoy para llenar

Ningún otro dios

este vacío —este "agujero en forma de dios"— en su alma. Se dedican a "dioses" naturales que se pueden ver y tocar, manejar, oír, cosas que Dios ha hecho. Voy a hablarle de algunos de ellos. Acompáñeme a visitar a un joven llamado Ken. Vino a verme hace unos años y me dijo: "El fútbol es mi dios". Su dios medía unos quince centímetros de diámetro, era redondo y de cuero. Lo admitió sin tapujos. Ese pequeño trozo de cuero era el centro de su afecto, su atención y su ambición, y confiaba en que le daría plenitud, sentido y propósito a su vida. Cada minuto libre que tenía, adoraba este trozo de cuero. Le rendía homenaje. Le daba prioridad. Tenía prioridad sobre sus relaciones, sobre su trabajo, sobre todo lo que podía. Dios tuvo que separar a Ken de su fútbol para liberarlo.

Acompáñenme a hablar con una querida señora mayor llamada Miss Clark. La señorita Clark se levantó una noche en una iglesia de Buckinghamshire para dar un testimonio y dijo a la congregación: "Los bebés eran mi dios". ¡Qué declaración tan extraordinaria! Dijo: "Yo era niñera, y adoraba a los bebés pequeños. Eran mi vida. No podía soportar separarme de ellos. No podía contemplar la existencia sin bebés". ¡Los bebés se habían convertido en su dios! La separaban de Dios. Dios tuvo que separar a la señorita Clark por completo de los bebés para liberarla de ese dios. ¿Estoy siendo lo suficientemente práctico para usted? Estas dos personas estaban llenando el espacio en blanco en forma de dios en el alma con otra cosa que se convirtió en su dios. Usted puede llenar ese vacío, o intentarlo, pero de alguna manera nunca encaja. Cualquier cosa que ponga ahí que no sea Dios no encaja, pero lo intentamos desesperadamente.

Puede poner ahí su deporte, puede poner ahí su jardín, puede poner ahí una moto, e inclinarse ante eso y rendirle toda su adoración, y hablar de ella, y vivir para ella, y pulirla, y desarmarla y volverla a armar. Puede convertirse en su dios, al igual que su coche cuando sea demasiado viejo para las motos. Su casa puede ser su dios hasta que sea un hogar o un palacio ideal, pero seguirá sin estar satisfecho. Seguirá empapelando y decorando. Puede hacer de su negocio su dios, y conozco a hombres que han adorado tanto al dios del negocio que no podrían vivir sin él, y no sé qué harán cuando se jubilen. Lo han sacrificado todo en el altar de su negocio, incluidas sus familias, en algunos casos. Es muy fácil llenar este vacío en forma de dios.

Incluso se puede llenar con una iglesia y se puede vivir tanto para la iglesia que de alguna manera Dios no puede tener su parte. Estos son "dioses" modernos, y estamos mirando algo muy cercano. Si no es una cosa, entonces puede poner una persona ahí. El culto a la personalidad es uno de los fenómenos de nuestros días de los medios de comunicación de masas.

¿Por qué las estrellas del pop pueden obtener más adoración, más respuesta emocional? Las personas que no caminarían unas cuadras y esperarían diez minutos para que comience un servicio de adoración a Dios están dispuestas a sentarse durante horas esperando que una "estrella" aparezca en un aeropuerto. ¿Por qué? Por eso se suele "adorar" a las estrellas del pop, a los disc-jockeys y a los políticos, a cualquiera que la gente pueda poner en un pedestal y admirar. Dios dice: "No tengas otros dioses además de mí". Algunos padres adoran a sus hijos. Otros lo notan y dicen: "Sabes, esa madre adora a su hijo". ¿Ha oído decir eso? O tal vez tiene una novia o un novio y ha reemplazado a Dios en sus afectos y se han convertido en el número uno, y lo está sacrificando por ellos. Puede hacer de su esposo o su esposa su dios.

Usted intenta llenar el vacío y no lo consigue del todo, y de algún modo sigue insatisfecho, pero Dios no entra. El primer mandamiento es "No tengas otros dioses además de mí. Yo debo ser el primero y el único objeto de adoración en tu vida". Es un mandamiento muy pertinente. Tiene mucho que decir a nuestros días y a nuestra generación. Lo que decimos es "Dios nunca puede ser real para ti a menos que sea el centro de tu vida". Me encuentro con muchas personas que me dicen: "Dios no es real. No puedo llegar a él. No puedo sentir que está ahí". Una de las

Ningún otro dios

razones —no siempre, pero es una— puede ser que esa persona no quiere a Dios en el centro, sino en el borde de la vida. Quiere añadirlo a todo lo demás. Quiere tenerlo como un extra opcional cuando lo necesite. Pero el mandamiento de Dios nos dice: "Si no soy Señor de todo, no seré Señor de nada. Si no estoy en el centro, no estaré en la circunferencia. Si no soy el primero en tu vida, no seré el segundo ni el tercero. No tengas otros dioses además de mí". Quizá por eso a la gente le cuesta llegar a Dios. No quieren un número uno en su vida. Ya hay otro número uno sentado en el trono. El número dos, sí, o tal vez incluso el número tres, pero el número uno, no.

Hemos llegado a una gran pregunta: ¿por qué debería hacer de Dios el número uno en mi vida? ¿Puede darme una buena razón por la que deba obedecer este mandamiento: "No tengas otros dioses además de mí"? ¿No soy libre de elegir a mi propio dios? ¿Por qué debo pedirle a Dios, a este Dios que dio los Diez Mandamientos, que sea el primero en mi vida? ¿Por qué debería yo, un europeo moderno, creer en un Dios del Antiguo Testamento? Le daré las dos razones que Dios dio a los judíos. Siguen siendo dos razones básicas por las que no debe tener otros dioses en tu vida: *realidad* y *libertad*. Permítame traducirlas en palabras sencillas. Primero, realidad: él es el único Dios que realmente existe, y por eso no debe tener otros. Tener otros es entregar su vida a la fantasía, vivir en el país de las nubes. "Escucha", dijo, "Yo soy Yavé, tu Dios". ¿Sabe lo que significa la palabra "Yavé"? Significa *Yo soy*. En otras palabras, Dios comenzó los Diez Mandamientos diciendo: "Yo soy, yo soy". Ese es el nombre de Dios.

Moisés, que recibió los Diez Mandamientos, le dijo a Dios: "¿Quién diré que llamó? ¿Cuál es tu nombre?".

Dios respondió: "Yo soy te ha llamado".

¿Sabe que no hubo otro Dios en la historia llamado "Yo soy"? Porque él es el único que es. Todos los demás no son. Por eso a nadie se le ha ocurrido llamar a otro Dios "Yo soy", porque es el único de quien eso es verdad. Puede buscar en todas las frases religiosas y examinar todas las religiones conocidas del mundo, y nunca encontrará un Dios llamado "Yo soy", excepto el Dios de los judíos.

"Yo soy"; cualquier otro dios es una fantasía. Todos los dioses del mundo antiguo eran una fantasía. Eran producto de la imaginación. No existen realmente. He vivido en un país musulmán, pero sé que Alá no existe. Hay muchos musulmanes sinceros y devotos que se inclinan muchas veces al día ante un dios que no existe. Es trágico, pero no es "Yo soy". No existe. Cuando estudia todos los dioses sobrenaturales en los que se ha creído, está estudiando el genio inventivo del hombre, pero está estudiando fantasía, no hechos. No existen, y por eso no debe tenerlos ante Dios. Por mucho que se sienta sincero, por mucho que sienta que medita provechosamente, no hay ningún dios escuchando. No hay nadie más que usted escuchando.

Pero alguien dirá: "De acuerdo, los dioses sobrenaturales no existen, pero mi moto existe. Mis hijos existen. Mi casa existe. Mi jardín existe. Eso es suficientemente real". Pero ¿lo es? No puede decir de su moto, de su coche, de su negocio, de su casa, de lo que sea: "Voy a llamarlo 'Yo soy'", porque rápidamente llegará un día en que tendrá que decir: "Era". Ese precioso coche nuevo que tiene será una chatarra oxidada dentro de unas décadas. Si la persona que vive en su casa después de usted no es jardinero, tendrá una maravillosa cosecha de dientes de león en poco tiempo. Ese novio o novia no va a estar con usted para siempre. Incluso si se casa con ellos dirá: "Hasta que la muerte nos separe". Esa no es la realidad final. Todos los otros dioses simplemente no son reales, no son lo suficientemente reales como para ser Dios. De hecho, todos los demás "dioses", si son reales, tangibles, materiales, es probable que usted los sobreviva, y llegará un momento en que se quede sin ellos.

No me importa lo que adore, a lo que dedique su tiempo, lo que sienta que tiene importancia para usted, un día se quedará sin ellos o sin ello. Entonces, ¿cómo puede llamarlo un buen dios, un dios real, cuando tendrá que sobrevivir sin él? Así que esa es la primera razón: "Yo soy Yavé, Yo soy Yo soy, tu Dios. Soy real. Yo existo. Por eso no debes tener otros dioses, porque no hay otros". La segunda razón que Dios les da es esta: "Yo soy Yavé. Soy su Dios. Yo los saqué de la esclavitud en Egipto". No solo es el único Dios que existe, sino que *es el único Dios que salva y libera*. Cualquier otro dios lo esclavizará. Hubo un tiempo en que aquellos judíos habían sido encadenados y azotados todos los días, obligados a fabricar ladrillos sin paja, pesados ladrillos de arcilla que apenas podían levantar. Su vida era una miserable y sus hijos eran arrojados al Nilo a los cocodrilos. Esa había sido su vida, pero Dios los liberó. Dios dice: "Ahora, ningún otro dios. Los he liberado. No vuelvan a la esclavitud. No dejen que otra cosa u otra persona se apoderen de ustedes. Quiero que sean libres". Ese es el propósito de Dios al darnos este mandamiento: *que seamos libres*.

Déjeme volver con mi amigo Ken. Ahora Ken vuelve a jugar al fútbol. Es pastor bautista y juega en un equipo de fútbol en su tiempo libre. Pero le dirá lo siguiente: "Ahora puedo disfrutar del fútbol sin estar esclavizado por él". Volvamos a la señorita Clark. Después de algunos años sin tener contacto con ningún bebé, el Señor la guio y la puso a cargo de un orfanato del Ejército de Salvación donde tuvo más bebés de los que había tenido que cuidar antes. Pero ella dijo que ahora podía disfrutar de ellos sin convertirlos en su dios. Era libre, realmente libre. ¿Cuál es el dios de usted? ¿Cuál es el nombre de su dios? Si no es Yavé, se está esclavizando a algo o a alguien. Su vida está siendo tan atada a ese alguien o algo que nunca podría ser libre. Ni siquiera es libre para disfrutar de ese "dios", porque está siendo esclavizado. Dios no hizo estos mandamientos para estropear nuestra diversión y hacer la vida estrecha y miserable. Los hizo para que fuéramos libres, y en su servicio hay libertad perfecta.

LAS INSTRUCCIONES DEL FABRICANTE

¿Son esas dos razones suficientes, que Yavé, "Yo soy", es el único Dios real, y es el Dios que nos hace libres? Los dioses antiguos y los "dioses" modernos que la gente adora no son tan diferentes entre sí. Estudie los dioses y encontrará a Baco, el dios del vino, y encontrará hoy a la gente esclavizada por el vino. Encuentra a la diosa del amor y a la gente esclavizada por el sexo. Encuentra a este dios y a aquel dios y al otro dios y encontrará que todos los antiguos dioses falsos siguen siendo adorados hoy, aunque no necesariamente bajo los mismos nombres. Dios dice: "He venido a liberarte de todo eso y he venido a sacarte. He venido a darte vida".

Puede preguntarme cuál es el nombre de mi dios y se lo diré: Yavé, el mismo Dios, pero tengo un nombre diferente para él. El nombre de mi Dios es "Padre". ¿Cómo llegué a usar ese nombre para mi Dios? La respuesta es porque un día nació un judío que era su Hijo, y por primera vez caminó por esta tierra un hombre que cumplió perfectamente los Diez Mandamientos y que no tuvo nada que ver con ningún otro dios.

Como resultado, fue el hombre más libre que jamás haya existido. Ese hombre libre disfrutó de las cosas de Dios, pero nunca fue esclavizado por ellas. Ese hombre libre que era el Hijo de Dios llamó a Dios "Padre" y enseñó: "Tú también puedes llamarlo así, si me amas". Eso es libertad. La ley vino por Moisés, pero la gracia y la verdad vinieron por Jesucristo, y es la verdad la que nos hace libres.

¿Cuál es el nombre de su dios? El mío es "Padre", el Padre de Jesús y también mi Padre. ¡Vaya Dios!

2

NINGUNA IMAGEN

Cuando Dios terminó de hablar con Moisés en el monte Sinaí, le entregó las dos tablas de piedra en las que estaban escritos los Diez Mandamientos con el dedo de Dios. Cuando Moisés no bajó enseguida de la montaña, el pueblo acudió a Aarón. "Mira", le dijeron, "haznos un dios que nos guíe, porque ese tal Moisés, que nos trajo aquí desde Egipto, ha desaparecido. Algo debe haberle sucedido".

"Denme sus pendientes de oro", respondió Aarón. Así lo hicieron todos, hombres y mujeres, niños y niñas. Aarón fundió el oro, lo moldeó y le dio forma de becerro.

El pueblo exclamó: "Oh Israel, éste es el dios que te sacó de Egipto".

Al ver la alegría del pueblo, Aarón construyó un altar ante el becerro y anunció: "Mañana habrá fiesta a Yavé". Así que se levantaron temprano a la mañana siguiente y empezaron a ofrecer holocaustos y ofrendas de paz al ídolo del becerro. Después, se sentaron a festejar y a beber en una fiesta salvaje seguida de inmoralidad sexual.

Entonces el Señor dijo a Moisés: "Rápido, baja, porque tu pueblo que trajiste de Egipto se ha contaminado y ha abandonado rápidamente todas mis leyes. Se han moldeado un becerro y lo han adorado y le han ofrecido sacrificios y han dicho: 'Este es tu dios, oh Israel, el que te sacó de Egipto'". Entonces el Señor dijo: "He visto qué terco y rebelde es este pueblo. Ahora déjame y mi ira se encenderá contra ellos y los destruirá a todos. Y haré de ti, Moisés, una gran nación en lugar de ellos".

LAS INSTRUCCIONES DEL FABRICANTE

Pero Moisés suplicó a Dios que no lo hiciera. "Señor", suplicó, "¿Por qué está tan encendida tu ira contra tu propio pueblo, al que sacaste de la tierra de Egipto con tan gran poder y poderosos milagros? ¿Quieres que los egipcios digan: 'Dios los engañó para que vinieran a las montañas y así poder matarlos, destruyéndolos de la faz de la tierra?'. Vuélvete de tu furiosa ira; apártate de este terrible mal que planeas contra tu pueblo. Acuérdate de la promesa que hiciste a tus siervos, a Abraham, a Isaac y a Israel, pues juraste por ti mismo: 'Multiplicaré la posteridad de ustedes como las estrellas del cielo y les daré toda esta tierra que he prometido a sus descendientes, y la heredarán para siempre'".

Así que el Señor cambió de opinión y los perdonó.

Entonces Moisés bajó de la montaña sosteniendo en sus manos los Diez Mandamientos escritos en ambas caras de dos tablas de piedra. Dios mismo había escrito los mandamientos en las tablas. Cuando Josué oyó debajo de ellos el ruido de los gritos de todo el pueblo, exclamó a Moisés: "Parece como si se estuvieran preparando para la guerra".

Pero Moisés respondió: "No es un grito de victoria o derrota, sino de canto". Cuando se acercaron al campamento, Moisés vio el becerro y las danzas, y con terrible cólera arrojó las tablas al suelo y quedaron rotas al pie de la montaña. Tomó el becerro y lo fundió en el fuego y, cuando el metal se enfrió, lo molió hasta hacerlo polvo y lo esparció sobre el agua e hizo que el pueblo lo bebiera. Luego se volvió a Aarón y le preguntó: "¿Qué te ha hecho el pueblo para que traigas un pecado tan terrible sobre ellos?".

"No te enojes tanto", respondió Aarón. "Tú conoces a este pueblo y sabes lo malvado que es. Me dijeron: 'Haznos un dios que nos guíe, porque algo le ha pasado a este sujeto

Ninguna imagen

Moisés, que nos sacó de Egipto'. Les dije: 'Tráiganme sus aretes de oro'. Entonces me los trajeron y los arrojé al fuego y, bueno, salió este becerro".

Cuando Moisés vio que el pueblo había estado cometiendo adulterio alentado por Aarón y para regodeo de sus enemigos, se puso a la entrada del campamento y gritó: "Todos los que están del lado de Yavé, vengan aquí y únanse a mí".

Acudieron todos los levitas y él les dijo: "Yavé, el Dios de Israel, dice: 'Tomen sus espadas y vayan de un extremo a otro del campamento y maten incluso a sus hermanos, amigos y vecinos'". Así lo hicieron, y aquel día murieron unos tres mil hombres.

Entonces Moisés dijo a los levitas: "Hoy ustedes se han ordenado para el servicio del Señor, pues lo han obedecido, aunque eso significara matar a sus propios hijos y hermanos. Ahora él les dará una gran bendición". Al día siguiente, Moisés dijo al pueblo: "Han cometido un gran pecado, pero volveré al Señor en la montaña. Tal vez pueda obtener su perdón para ustedes".

Así que Moisés volvió al Señor y le dijo: "Oh, este pueblo ha cometido un gran pecado y se han hecho dioses de oro, pero ahora perdónales su pecado. Y si no, bórrame del libro que has escrito".

El Señor respondió a Moisés: "Quien haya pecado contra mí será borrado de mi libro. Y ahora ve, conduce al pueblo al lugar que te he dicho, y te aseguro que mi ángel irá delante de ti. Sin embargo, cuando yo venga a visitar a este pueblo, lo castigaré por sus pecados". Y el Señor envió una gran plaga sobre el pueblo porque habían adorado al becerro de Aarón.

Éxodo 31:18 – 32:35

LAS INSTRUCCIONES DEL FABRICANTE

Llegamos al segundo mandamiento:

"No te hagas ninguna imagen, ni nada que guarde semejanza con lo que hay arriba en el cielo, ni con lo que hay abajo en la tierra, ni con lo que hay en las aguas debajo de la tierra. No te postres delante de ellos ni los adores. Yo, el Señor tu Dios, soy un Dios celoso. Cuando los padres son malvados y me odian, yo castigo a sus hijos hasta la tercera y cuarta generación. Por el contrario, cuando me aman fielmente y cumplen mis mandamientos, les muestro mi amor por mil generaciones".

Muchas personas encuentran un gran consuelo en el segundo mandamiento. Es uno de los pocos con los que no tienen ninguna dificultad. A veces he contado la historia de dos vaqueros que atravesaron la pradera un domingo por la noche para ir a la iglesia. Mientras cabalgaban por la pradera, cantaban y silbaban; estaban muy contentos. Llegaron a la pequeña cabaña de hojalata donde el predicador estaba dando su sermón, y predicó recorriendo los Diez Mandamientos. Así que cuando los dos vaqueros cabalgaron de vuelta a casa estaban muy apagados. Hasta que finalmente uno de ellos dijo: "Bueno, supongo que nunca hice ninguna imagen esculpida".

El otro dijo: "Creo que yo tampoco".

Y volvieron a cantar y silbar. Cuando llegaron a casa, estaban tan contentos como al principio. Tal vez piense que no va a sacar mucho provecho de esta enseñanza. Pero ¡espere! No puede leer ninguno de los Diez Mandamientos a través de los ojos del Señor Jesús sin sentir que son el filo de un cuchillo que corta profundo, pero corta limpio y rápido, y como un cuchillo de cirujano en las manos del Señor Jesús.

Nunca me he planteado tomar un bloque de madera o de piedra o de metal y darle forma y colocarlo en la habitación principal de nuestra casa o fuera en el jardín y arrodillarme ante él y besarlo.

Ninguna imagen

No he sentido la tentación de hacerlo. No es una virtud mía. Nunca se me ha ocurrido hacerlo, así que no es algo contra lo que haya tenido que luchar.

En la Inglaterra del siglo XVII, este mandamiento se tomaba muy en serio. Estas palabras sobre hacer una semejanza de cualquier cosa en la tierra, en el cielo o en el mar se tomaban tan literalmente que muchos cristianos pensaban que el arte estaba prohibido, que no se debían tener cosas como estatuas, o incluso cuadros, en las paredes de casa. Algunos de los hogares puritanos eran muy sencillos y desnudos debido a este mandamiento. Creo sinceramente que estaban equivocados en su interpretación de este mandamiento, pero ha dejado su huella.

En general, los cristianos creyentes en la Biblia han tendido a ignorar las artes creativas. Es una tragedia, porque han dejado esas formas de expresión en manos de quienes no sabían cómo utilizarlas para la gloria de Dios. Pero a Dios le interesa tanto la belleza como la verdad y la bondad y, siendo el Creador, y haciéndonos a su propia imagen, quiere que seamos personas creativas, que creando en la belleza y la forma, el color y la música, cosas que le deleiten tanto a él como a nosotros.

No creo que este mandamiento prohíba la representación bidimensional o tridimensional de cosas que Dios ha hecho en la tierra. La razón por la que creo que este mandamiento no se refiere a la actividad cultural del arte es que Dios mismo, cuando dio al hombre el diseño para su tabernáculo y más tarde su templo, incluyó dentro del diseño bordados, esculturas y tallas de madera, y una serie de otras artes plásticas. No cabe duda, pues, de que a Dios le interesa el arte.

¿Cuál es, pues, la preocupación detrás de este mandamiento? Se refiere principalmente a nuestra adoración. El primer mandamiento se refiere a *quién* adoramos: "No tengas otros dioses además de mí". El segundo se refiere a *cómo* adoramos: "No te hagas ninguna imagen". La frase clave es: "No te postres delante de ellos ni los adores". Debemos tomar este mandamiento en su

LAS INSTRUCCIONES DEL FABRICANTE

totalidad. No se trata solo de hacer una imagen, sino de usarla como objeto de adoración.

Ahora voy a tratar tres tipos de imagen. Hay imágenes *materiales*, que son las más conocidas y las que nos vienen a la mente más fácilmente cuando leemos esto. Hay imágenes *mentales*, porque Jesús nos enseñó que se puede quebrantar un mandamiento tanto con la mente como con el cuerpo. Y hay imágenes *morales*.

Pero, en primer lugar, ¿para qué quiere alguien una imagen? ¿Por qué existe ese deseo de hacer una imagen y centrar en ella nuestra adoración? La respuesta es muy sencilla: tendemos a pensar en imágenes más que en palabras. Ese es el problema básico. Tanto es así que, cuando entendemos algos, decimos: "Ya veo". ¿Se dio cuenta? Es porque pensamos en imágenes, y Dios nos ha dado el gran don de la imaginación. Damos gracias por ese don divino. Por ejemplo, el edificio de una iglesia puede aparecer primero en la imaginación de un hombre y quizá construya una maqueta del mismo antes de que se convierta en hormigón y ladrillos y madera y metal. Imaginación. Pensamos en imágenes.

Ahora bien, aquí está el problema: cuando solo hemos oído palabras sobre una cosa, nos resulta muy difícil entenderla hasta que vemos también la imagen. Los pedagogos lo entienden, por eso se utilizan ayudas visuales en la enseñanza. Las ayudas visuales son cada vez más necesarias en esta era de la televisión y el vídeo, en la que vemos más que oímos. Quizá hoy aprendemos más por la "puerta" del ojo que por la del oído, así que queremos tener una imagen. El problema para nosotros es la palabrita de cuatro letras: "Dios"; es una *palabra*. ¿Qué imagen tiene en su mente cuando lee esa palabra? ¿Ve el problema? ¿Cómo se "imagina" a Dios? ¿Como un hombre muy viejo con una larga barba sentado en una nube? Así es como muchos niños se imaginan a Dios. ¿Cómo se lo imagina usted? ¿Cómo es para usted? ¿Qué tipo de imagen surge en su imaginación cuando alguien dice "Dios"? ¿O cuando lee sobre él? ¿Tiene alguna

Ninguna imagen

imagen, o es solo una palabra que pasa por su mente? El problema es que si es solo una palabra no es tan real como lo sería si se convirtiera en una imagen, y lo "viera" en su mente. Pero nadie ha visto nunca a Dios. El Evangelio de Juan llega a decir esto, citando las palabras de Jesús: "Nadie ha visto jamás la forma de Dios". La Versión Autorizada utiliza la palabra "forma", pero la palabra griega es "figura". Entonces, ¿qué "forma" es Dios? No lo sé, y ése es el problema. ¿Cómo puedo pensar en él? ¿Cómo puedo imaginármelo? Necesito una imagen; necesito algún tipo de ayuda visual. No puedo ver a Dios, pero quiero hacerlo. A lo largo de los siglos, la gente ha anhelado ver a Dios. Moisés mismo dijo: "Dios, solo déjame ver tu rostro una vez". Dios dijo: "No. Puedes ver un poco de mi gloria detrás de mí, pero no puedes verme a mí".

Ningún hombre ha visto jamás a Dios. No sabemos qué forma tiene. No sabemos cómo es. Es muy difícil adorar a un Dios que no podemos imaginar, un Dios que no podemos representar. Por eso la gente ha hecho imágenes esculpidas.

No se trata solo de imágenes de dioses paganos, sino también de imágenes del Dios al que adoramos. El primer mandamiento se refería a otros dioses, pero el segundo también se refiere a los que creen en el único Dios verdadero, pero no pueden imaginárselo y quieren hacerlo. Algunas personas se dan por vencidas y dicen: "Es inútil. No puedo imaginarme cómo es, así que no puedo entenderlo". Hay quien dice: "Ver es creer". No es nada de eso. Si vemos, no necesitamos creer; *no* ver es creer, pero es un problema, ¿no? Cómo creer en alguien que nunca ha visto y ni siquiera puede imaginar. Así que la gente hace imágenes.

Ahora bien, el principio fundamental de todas las imágenes esculpidas es el siguiente: cuando queremos imaginar algo, siempre lo hacemos en términos de algo que ya hemos visto y reconocemos. Siempre se parte de lo conocido para llegar a lo desconocido. Si describiera el azúcar a alguien que nunca lo ha visto pero que ha visto la sal, podría empezar con una imagen de lo que sí conoce y decirle: "Bueno, el azúcar es como la sal a la vista". Partimos de algo conocido. Por lo tanto, si fuera a hacer una imagen visual de Dios, podría comenzar con algo que ya ha visto, lo que significa que comienza con algo en la tierra, o en el cielo, o en el mar; eso es todo lo que ha visto.

Entonces, si va a hacer una imagen visual de Dios, tiene que empezar con algo que él haya hecho, y eso es lo que ha hecho toda imagen esculpida. Lo que usted no haría es una masa informe de piedra y decir: "Así es Dios". Empezaron en los días de Moisés con el becerro de oro. Reconocieron un becerro; un becerro joven era el símbolo de la virilidad. Es el mismo tipo de pensamiento que hay detrás de las corridas de toros en España. El toro joven: el desafío, el animal viril, lleno de vida, sexo y poder. Así habrían pensado: "El toro, fuente de vida y poder; Dios debe ser así". Hicieron un becerro de toro, y lo erigieron.

¿Qué hay de malo en hacer imágenes? Tres cosas. En primer lugar, todas reducen a Dios. Convierten al Creador en una criatura, porque una imagen tiene que empezar con algo que hemos visto y conocemos; tenemos que hacer que el Creador se conforme a la imagen de parte de su creación. Por lo tanto, reducimos al Creador, que es más grande que todo lo que ha hecho, a la semejanza de una cosa que ha hecho. Hemos reducido la grandeza de Dios. Cuando convertimos a Dios en un becerro de oro, no cantamos *"¡Cuán grande es él!"*. Hemos reducido a Dios a un tamaño manejable.

Isaías escribió: "¿Con quién, entonces, me compararán ustedes? ¿Quién es igual a mí?". La respuesta es que no hay nada en toda la creación que sea como Dios. Nada se le puede comparar. Cuando miramos los ídolos que la gente ha hecho, las imágenes de Dios que han hecho, son patéticas. No se puede hacer eso con Dios; lo reduce. Dios es "eterno". ¿Qué imagen le viene a la mente cuando lee eso? Dios es "inmortal". ¿En qué pensó cuando leyó eso? Dios es "sobrenatural". ¿Qué imagen le vino a la mente? ¿Ve el problema? Cuando hacemos una imagen, lo reducimos a lo que es mortal, temporal y natural.

Ninguna imagen

La segunda cosa que está mal con las imágenes esculpidas es que no solo reducimos a Dios, sino que lo restringimos. De ser el Dios que está en todas partes, ahora es un Dios que está aquí. En cuanto hacemos un becerro de oro, lo miramos y decimos: "Ahí es donde está Dios". Eso localiza a Dios; lo pone en algún lugar en el tiempo y el espacio, y Dios es el Dios infinito. Así que lo restringe, no solo en espacio sino en actividad. Un ídolo está como muerto. No se mueve, no habla, no camina, no le responde. Tenemos una relación unidireccional con una imagen. Isaías dice: "Un ídolo no puede caminar y no puede hablar. No puede responder. Está muerto".

La tercera cosa es que una imagen no solo reduce y restringe; tarde o temprano reemplaza a Dios. Dios pasa a estar en los costados, y *nuestra* imagen ocupa el centro del escenario de nuestra atención y afecto.

Siete meses después de casarnos, mi mujer y yo fuimos separados (por la bondad y amabilidad de la Real Fuerza Aérea), ya que me destinaron al extranjero. Así que me llevé una fotografía suya enmarcada. Estaba en mi escritorio. Significaba mucho para mí como recuerdo. Pero ¿qué habría pensado ella si, cuando por fin vino a reunirse conmigo, no me hubiera preocupado por ella y hubiera seguido mirando la fotografía?

"¿Qué tal si vienes y te sientas conmigo esta noche?".

"No, tengo tu foto aquí para mirarla. Le doy un beso de buenas noches cada noche".

"¿Por qué no me das un beso de buenas noches?".

"No, tengo tu foto aquí".

Suena ridículo, pero eso es lo que le sucede a toda imagen de Dios. Tarde o temprano, Dios mira hacia abajo y ve a alguien prestando atención a lo que estaba destinado a representarlo. Lo que los hombres pensaron que sería una ayuda se convierte en un obstáculo y un bloqueo, y desvía la atención de Dios. Nunca olvidaré mi visita a la Ciudad del Vaticano y ver una estatua de bronce de San Pedro con los dedos de los pies desgastados por los besos de la gente. Me pregunto qué habría dicho Simón Pedro si hubiera podido hablar con ellos.

Una ayuda visual en la adoración tiende a llamar demasiado la atención sobre sí misma. Una representación de Dios tarde o temprano reemplazará a Dios. Déjeme contarle lo que le pasó a una chica que conocí que, después de hacerse cristiana, colgó un cuadro de Jesús en su dormitorio. No hay nada en la Biblia que se lo prohíba. Ella pensó que le recordaría la presencia de Jesús en esa habitación. Pero unas semanas después, tomó el cuadro y lo rompió. Tiró los pedazos al cubo de la basura. ¿Sabe por qué? Porque descubrió que dirigía sus oraciones al cuadro. No era para nada intencional. Pensó que la ayudaría y no fue así; todo lo contrario.

Eso no significa que nunca deba tener una imagen de Jesús cerca. Las imágenes de Jesús se utilizan en las escuelas dominicales para enseñar a los niños. Pero si viera a un niño orando a una imagen de Jesús, tendría que romperla. Una imagen sustituye a Dios. Se convierte en una especie de sustituto para que usted mire al sustituto. Dios no lo permitirá. Él es un Dios celoso.

Continua en este mandamiento diciendo: "Tengo un amor posesivo por ti. Soy un Dios celoso y no voy a compartir tu afecto. Y no toleraré verte dando tu afecto a un objeto que yo hice. Los malos efectos de hacer esto pasarán a través de tus hijos y nietos a tus bisnietos. Tendrá una profunda influencia durante cuatro generaciones. El daño pasará a través de tu familia por hacer esto". Ese es Dios hablando. Se lo toma muy en serio.

Antes de dejar estas imágenes materiales, quiero considerar por un momento los símbolos religiosos. Aquí estamos en un área de incertidumbre. Por símbolos religiosos no entiendo representaciones de Dios, sino recordatorios de Dios. Se trata de una categoría bastante diferente. Jesús mismo utilizó símbolos religiosos, materiales, para recordarnos verdades espirituales. No soy cuáquero. Siento un gran respeto por muchos amigos de la Sociedad de Amigos, pero sin embargo han llevado este

Ninguna imagen

principio demasiado lejos, y no tienen ni bautismo ni Cena del Señor. Se trata de símbolos materiales, recordatorios de profundas verdades espirituales: en un caso, el agua; en el otro, el pan y el vino. Son objetos materiales, visibles, que son útiles en nuestro culto, y que Jesús nos dio. Fíjese en esto: que tomó cosas muy ordinarias. Agua: la tiene en el grifo de su casa. Pan: tiene un poco en la despensa. El pan y el vino eran el alimento básico de los trabajadores. Jesús eligió las cosas más ordinarias para que no empecemos a tratarlas como especiales. Si vamos a utilizar un símbolo religioso para ayudarnos en nuestro culto, debe ser algo muy ordinario o de lo contrario se convertirá en algo demasiado especial.

Por desgracia, incluso el bautismo y la Cena del Señor han sido abusados de esta manera, de modo que a veces hablamos de "agua bendita", muy equivocadamente, o "pan bendito", o "mesa bendita", o "bendito" esto, aquello y lo otro. Es solo agua, pan y vino. Símbolos materiales, pero eso es todo. No se convierten en "mágicos" de ninguna manera. No hay que inclinarse ante ellos: ése es el origen de arrodillarse para recibir el pan y el vino. No hay que reservarlos como una presencia especial. Son símbolos comunes y corrientes. Creo que mi regla general es que cuantos más símbolos especiales tengamos, más tenderemos a hacer con Dios lo que una imagen esculpida hace con él. Cuanto más tendamos a localizar a Dios, más se tenderemos a tratar a Dios como algo tan misterioso que no está relacionado con el lunes y el día de lavado y la oficina y la tienda. Por eso muchos de nosotros preferimos un edificio de culto sin símbolos religiosos, salvo los que Jesús nos dio: pan, vino y agua. Son tan ordinarios y, sin embargo, tan maravillosos. Esta es mi regla general, que solo es mi opinión. No creo que una iglesia que ponga una cruz esté haciendo una imagen esculpida, porque no está diciendo: "Esa cruz es cómo es Dios". No es una imagen que represente a Dios, pero en cuanto la gente empieza a inclinarse ante ella o a prestarle una atención especial (incluso diciendo "toca madera") entonces ha dejado de ser un símbolo para convertirse en una imagen. Es una línea divisoria muy fina y existe el peligro constante de traspasarla. Pasemos ahora a las imágenes *mentales*. Podemos construir una imagen de hierro, madera o piedra, y podemos construir una "imagen" de pensamientos. El profeta Ezequiel se dio cuenta de que, aunque los judíos se habían deshecho de todas sus imágenes esculpidas —las físicas—, seguían teniendo imágenes erróneas en su mente. Dijo: "Estos hombres han erigido sus ídolos en sus corazones". En otras palabras, seguían imaginando una representación falsa de Dios.

¿Qué clase de imagen mental de Dios tiene usted? Podría estar en peligro de hacer a Dios a su propia imagen. ¿Se excusa cuando peca? Entonces se hace una imagen de eso y dice: "Dios me disculpará cuando peque". ¿Es indulgente consigo mismo, tolerante cuando se equivoca? Usted crea una imagen mental de un Dios que es indulgente con usted y tolerante con usted cuando se equivoca. Es una imagen que no se corresponde con la realidad. La Biblia dice: "Hazlo añicos".

Recuerdo a una señora que vino a un culto y me dijo: "He escuchado sus mensajes en cinta muchas veces. Me hice una imagen en mi mente de cómo era y no se parece en nada". No me atreví a preguntarle qué se había imaginado. Habría sido demasiado. Dejó bien claro que prefería la imagen mental que se había hecho a la realidad. Pero a usted le ha pasado: ha oído hablar de gente y se ha hecho una imagen. Luego quizá fue a la estación a conocerla y no ve a nadie que se parezca en nada al tipo de persona que esperaba. Su imagen mental no se corresponde con la persona tal y como era, así que probablemente se la perdió. Del mismo modo, puede construirse una imagen mental de Dios que no se corresponda con la realidad, y cuando se encuentre con Dios tal y como es, se llevará un gran impacto.

Existe la idea de que Dios nunca nos juzgaría por lo que hemos hecho, la idea de que Dios nunca enviaría a nadie al infierno, la

Ninguna imagen

idea de que Dios es un viejo abuelo sentimental, más parecido a Papá Noel que a Jesucristo. Ese tipo de imagen es demasiado común. Escuchen la conversación en un funeral normal, en el encuentro informal. Esta imagen de Dios que tanta gente tiene se aleja del Dios de la Biblia. Cuando uno imagina cómo es Dios, debe cotejar constantemente la imagen que su imaginación ha construido con lo que Dios ha dicho de sí mismo, o construirá su fe sobre la fantasía y no sobre los hechos.

Las imágenes mentales son una de las formas en que podemos quebrantar el segundo mandamiento, pero hay un tercer tipo de imagen que quiero considerar. El tercer tipo de imagen es una imagen esculpida, pero no esculpida con las manos del hombre, sino con las manos de Dios. ¿Se da cuenta de que Dios sabía que tendríamos dificultades para imaginarlo? ¿Se da cuenta de que quería que tuviéramos una imagen en nuestra mente cuando se dice la palabra "Dios"? Lo tuvo en cuenta. ¿Sabe que cuando Dios creó el mundo e hizo los árboles y las montañas, quiso poner en ese mundo una imagen de sí mismo para que la gente supiera cómo era? ¿Sabe lo que dijo? Dijo: "Vengan, hagamos al hombre a nuestra imagen y semejanza". Esa fue la primera imagen esculpida de la historia, y fue una imagen precisa. El nombre del primer hombre que caminó sobre la tierra fue Adán. El primer hombre que caminó sobre la tierra era una imagen esculpida, no esculpida por las manos del hombre, sino esculpida por las manos de Dios para que la gente pudiera haber mirado a Adán y decir: "Ahora sé cómo es Dios. Ahora tengo una imagen en mi mente". Eso era Adán cuando fue hecho.

Ahora piense en esto por un momento. ¿En qué sentido era Adán una imagen de Dios? Sabemos que Dios no tiene cuerpo —Dios es Espíritu— y, sin embargo, hay un sentido en el que las funciones de mi cuerpo se corresponden de un modo muy profundo con las funciones de la divinidad. Por eso la Biblia no duda en hablar de que los ojos del Señor, o los oídos de Dios están abiertos a nuestro clamor, o la boca de Dios lo ha hablado, o incluso las fosas nasales de Dios lo han olido. Por eso la Biblia no duda en hablar del brazo de Dios y de la mano de Dios, y del dedo de Dios, y de las piernas de Dios, y de los pies de Dios, y de los riñones de Dios, y de las entrañas de Dios. La Biblia habla de todas estas cosas. Nuestras facultades y órganos corresponden de alguna manera asombrosa a funciones reales en Dios. Dios puede ver, Dios puede oír, Dios puede oler, pero es algo mucho más profundo que eso, porque esa imagen todavía está aquí.

Hay una parte de la imagen que se ha perdido. Había una imagen de Dios en Adán, porque Adán fue hecho para vivir para siempre y fue hecho para amar. Fue hecho para las relaciones, fue hecho para comunicarse con Dios, y fue hecho a la imagen de Dios. Cuando miramos a Adán tal como fue hecho y vemos qué clase de persona era, podemos decir: "Esa es la clase de persona que Dios era y es". ¿No sería maravilloso? Pero usted y yo sabemos que eso ya no es cierto en la raza de Adán. ¿Le gustaría que alguien investigara su vida en detalle y luego llegara a la conclusión de que así es Dios? La respuesta es: "No, mil veces no".

¿Qué ha fallado? Esa imagen que todavía está ahí en el contorno se ha difuminado y manchado, estropeado y desfigurado. De modo que ahora no podemos mirar a una persona y decir: "Así es Dios". Conozco personas que me han dicho que no se atreven a usar la palabra "Padre" en sus oraciones cuando piensan en cómo era su padre terrenal. Ya no podemos mirar a los hijos de Adán y decir: "Ahí está la imagen esculpida; ahí está la imagen visible de Dios. Así es Dios". Durante siglos los hombres estuvieron sin una imagen visible de Dios. Se miraban unos a otros y veían a Satanás. Veían el mal y veían cosas desagradables. Así que intentaron hacer becerros de oro, intentaron recuperar una imagen visible de Dios y, por supuesto, fracasaron cada vez porque *ellos la estaban haciendo*.

¿Qué hizo Dios al respecto? Hizo un segundo Adán. Creó una nueva humanidad, una nueva raza humana. He aquí algunas

Ninguna imagen

de las afirmaciones que se hacen en el Nuevo Testamento sobre Jesús. Pablo escribió en Colosenses: "Jesús es la imagen del Dios invisible". Escribiendo a los Corintios: "Jesús es la semejanza de Dios". La carta a los Hebreos dice: "Jesús refleja la gloria de Dios y lleva el sello mismo de su imagen". De nuevo en Colosenses, Pablo escribe: "En Jesús habita corporalmente toda la plenitud de la divinidad". Finalmente, la gente volvió a tener una imagen esculpida de Dios, pero Dios la había esculpido, tejiendo esa imagen en el vientre de María para que, cuando Jesús caminara por esta tierra, la gente pudiera mirar a Jesús y decir: "Así es Dios. Es la imagen de su Padre". ¿Ha oído decir eso de los hijos terrenales? Puede decirlo de Jesús: él es la imagen de su Padre.

Si quiere saber qué se siente al conocer a Dios, cómo es su personalidad y sus reacciones, qué siente por nosotros, basta con que lea la vida de Jesús. Permítanme recomendarle un pequeño libro, *Jesús, el revolucionario*, de un ministro bautista de los estados del sur de América. Es solo un pequeño libro de bolsillo, pero consígalo y léalo. Presenta la personalidad de Jesús de una manera maravillosa, de modo que al final del libro puede decir: "Sí, siento que lo conozco como persona". Al conocer a Jesús, conoce a Dios.

Una de las cosas más conmovedoras en la vida de Jesús fue la noche antes de morir, cuando Felipe dijo: "Mira, has estado hablando del cielo, ni siquiera estamos seguros de dónde está o cómo llegar allí. Y ni siquiera estamos seguros de lo que sentiremos al encontrarnos con Dios. Si tan solo nos mostraras a Dios, tan solo nos mostraras al Padre, tan solo danos un vistazo del Padre, y estaremos satisfechos. Eso es todo lo que queremos, solo una mirada a Dios".

Jesús dijo: "Hace tres años que estoy contigo, Felipe. ¿Aún no sabes quién soy? Llevas tres años mirando a Dios. ¿Todavía no sabes cómo es? El que me ha visto a mí, ha visto al Padre. Oh, Felipe, ¿por qué preguntas: 'Muéstrame al Padre'? Tú lo has visto".

LAS INSTRUCCIONES DEL FABRICANTE

Pero usted y yo estamos en la triste situación de que ahora ni siquiera podemos ver a Jesús. Él está de vuelta en la gloria con su Padre. No lo veremos hasta que regrese de nuevo; entonces realmente veremos su rostro. Jesús nunca tuvo su retrato pintado. Nunca tuvo un escultor que le hiciera una estatua de mármol. Qué pena, ¿verdad? Si en algún lugar hubiera una estatua que pudiéramos ver y decir: "Ah, así es Dios", pero Jesús era más sabio que nosotros. No hay ninguna descripción registrada de su apariencia. No sé si media 1,50, 1,80 o 2 metros. No sé si era rubio o moreno; no sé si tenía los ojos azules o marrones (probablemente oscuros y marrones). Nadie lo sabe, excepto los que estaban allí en ese momento.

¿Qué haré ahora? No puedo ver a Dios. No puedo ver a Jesús. ¡Estoy atascado! ¿O no? Dios empezó entonces a crear personas que se renuevan, que se transforman, para parecerse más a Jesús. Colosenses 3: "Revístanse de la nueva naturaleza, que se renueva en conocimiento a imagen de su creador". Romanos 8: "Nos predestinó a ser conformes a la imagen de su Hijo". 1 Corintios 15: "Así como hemos llevado la imagen del hombre del polvo, así llevaremos la imagen del hombre del cielo". 2 Corintios 3: "Todos nosotros, con el rostro descubierto, reflejando como en un espejo la gloria del Señor, nos vamos transformando de gloria en gloria en la misma imagen". ¿Entiende el mensaje? Dios quiere que la gente vea algo de sí mismo, no con un trozo de piedra o de metal, no con ideas imaginativas que son pura especulación, sino con personas que están siendo transformadas. He tenido el privilegio, a lo largo de muchos años, de servir al pueblo de Dios y de ver a uno y a otro de los que podría decir, cuando los miro: "Puedo ver algo de cómo es Jesús y, porque puedo ver eso, sé algo de cómo es Dios".

3

NO USAR EL NOMBRE EN VANO

El año en que murió el rey Uzías, vi al Señor. Estaba sentado en un trono alto y el templo estaba lleno de su gloria. Revoloteaban a su alrededor poderosos serafines de seis alas. Con dos de sus alas cubrían sus rostros, y con dos cubrían sus pies, y con dos volaban. En un gran coro antifonal cantaban: "Santo, santo, santo es el Señor de los ejércitos. Toda la tierra está llena de su gloria". Un canto maravilloso. Sacudió el templo hasta sus cimientos y, de pronto, todo el santuario se llenó de humo.

Entonces dije: "Mi destino está sellado, porque soy un pecador malhablado, miembro de una raza pecadora y malhablada, y he contemplado al rey, el Señor de los ejércitos del cielo".

Entonces uno de los serafines voló hacia el altar y, con unas tenazas, tomó un carbón encendido. Tocó mis labios con él y dijo: "Ahora eres declarado inocente porque este carbón ha tocado tus labios. Tus pecados quedan perdonados". Entonces oí que el Señor preguntaba: "¿A quién enviaré como mensajero a mi pueblo? ¿Quién irá?".

Y yo dije: "Señor, yo iré. Envíame a mí".

Isaías 6:1–8

El primer mandamiento se refería principalmente a lo que hacemos con el corazón, el segundo a lo que hacemos con las manos y el tercero a lo que hacemos con la boca. "No uses el nombre del Señor tu Dios en vano. Yo, el Señor, no tendré por

LAS INSTRUCCIONES DEL FABRICANTE

inocente a quien se atreva a usar mi nombre en vano". La religión de la Biblia se toma muy en serio lo que decimos, por cierto. Las palabras son muy importantes. Tanto que Jesús dijo una vez que seremos juzgados por cada palabra descuidada que hayamos pronunciado. No por cada palabra considerada, sino por cada palabra que se nos haya escapado cuando estábamos cansados, cuando estábamos bajo presión, cada palabra mal considerada, esas palabras que, antes de que nos diéramos cuenta, se nos habían escapado de los labios. Seremos juzgados por eso.

¿Por qué Dios se toma las palabras tan en serio? Decimos: "Oh, solo eran palabras". ¿Solo palabras? Esa no es una frase que Dios usaría jamás, porque para él importan. Dios usó las palabras con dos propósitos. En primer lugar, para revelarse a sí mismo. Es la única manera que tenemos de saber cómo es Dios. No podemos verlo, ni tocarlo, ni oírlo con nuestros oídos. ¿Cómo podemos saber cómo es Dios? La respuesta es: a través de palabras. Si Dios no fuera un Dios que habla, no sabríamos cómo es. Pero Dios, a lo largo de los siglos, nos ha dado en su libro 750.000 de sus palabras.

Las palabras que usted pronuncia revelan cómo es en realidad. Si quiere saber lo que hay en la mente de un hombre, mire en lo más profundo de lo que sale de su boca.

El segundo propósito para el que Dios utiliza las palabras es para cambiar a personas. Fue por su palabra que dijo al principio: "Que se haga la luz", y se hizo la luz. Fue cuando dijo: "Que el cielo se separe del océano", y así fue: solo una palabra. Fue cuando dijo: "Que aparezca la vida, y las plantas, y los animales, los peces y los pájaros", y allí estaban. Pero supremamente, Dios cambia a personas mediante el uso de palabras. Por eso la predicación sigue siendo uno de sus principales canales para cambiar la vida de las personas. La gente dice de un sermón: "Solo palabras". ¿Y qué se consigue? Se asombraría si supiera lo que se consigue solo con palabras, pero tienen que ser palabras de Dios.

Del mismo modo, las palabras que utiliza ayudan a cambiar

No usar el nombre en vano

a otras personas. Las palabras no solo nos ayudan a conocernos a nosotros mismos, sino que también influyen en los demás. Su conversación de esta semana ha ayudado a cambiar a las personas que ha conocido. Las ha dejado mejor o peor por las cosas que les ha dicho, pero ha influido en sus mentes. El chisme es una de las cosas más poderosas, y siempre lo será. ¿Qué pasa si las palabras se usan mal? Si uso el nombre de Dios en vano —y preguntaremos qué significa eso dentro de un momento—, no solo estoy dando una idea del estado de mi propia mente, no solo estoy influyendo en otras personas para hacerles daño, sino que también estoy insultando al Dios que de quien estoy hablando. Puesto que no se puede mantener una conversación en ausencia de Dios ni hablar a sus espaldas, tomar su nombre en vano es insultarlo en su cara. Los que toman el nombre del Señor en vano nos dan una idea de su propia mente y del estado en que se encuentra. Son una mala influencia para los demás y un insulto para el Dios en cuya presencia hablan. Eso debería bastar para tratar de la corrección del mandamiento.

Pero ¿qué significa tomar el nombre del Señor en vano? Digamos un poco más sobre lo que significa un nombre. Un nombre es aquello que distingue a una persona de los demás. Es un poco inquietante conocer a otra persona con nuestro mismo nombre. Recuerdo encontrarme alguien que no conocía de antes, que había sido Pawson y se había cambiado el nombre (antes de conocerme). Un nombre está tan estrechamente asociado a la persona que lo lleva que lo que haga con el nombre afectará a la persona. Si olvida el nombre de alguien demuestra que en ese instante se ha olvidado de la persona, que no ha estado pensando en ella, y eso puede ser embarazoso. El peligro es que separamos el nombre de la persona y cuando hacemos eso, tomamos su nombre en vano. ¿Comió un emparedado para merendar? Si es así, ¿ha pensado en el conde de Sándwich? Porque ése es el nombre que usó. Él fue el primero que pensó en una forma maravillosa de ir a la batalla y comer al mismo tiempo. Puso un poco de carne entre dos trozos de pan. Usted usa su nombre a menudo y nunca piensa en él. Se pone sus botas Wellington, aunque probablemente no pienses en el duque de Wellington cuando lo hace. Son ilustraciones tontas, pero ya ve lo que ha ocurrido en ambos casos. Ahora utiliza el nombre de una persona sin pensar en ella. El nombre y la persona se han separado. Eso puede estar bien si la persona está muerta y ya no está, pero Dios no está muerto y no se ha ido.

Él está presente y está vivo. Usar su nombre de una manera vacía, sin sentido, es un insulto a nuestro Dios. Eso es lo que significa la frase "en vano". "Vano" significa: "vacío", "hueco", "inflado como una pompa de jabón". Está usando el nombre de Dios sin ningún sentimiento o pensamiento. Eso es lo que es tomar el nombre del Señor en vano.

Veamos cinco maneras en las que puede tomar el nombre de Dios y vaciarlo de todo significado hasta que quede hueco y sin sentido. Primero, y probablemente no la más probable: puede haber cometido perjurio. Uno de los problemas básicos de toda sociedad humana es cómo saber cuándo alguien dice la verdad, porque todos somos maestros mentirosos. Aprendemos a mentir a una edad muy temprana. ¿Cómo saber si alguien dice la verdad? Una forma es hacerle prestar juramento. Es una práctica habitual, y puede que usted haya ido a su abogado y haya firmado una declaración jurada o haya hecho algún tipo de juramento garantizando que lo que ha dicho es la verdad. Se hace en todos los tribunales. ¿Por qué? En realidad, está diciendo: "¿Está dispuesto a llamar a Dios como testigo de lo que dice?". Pero un juramento solo funciona si cree en Dios, y si cree que no lo declarará inocente si toma su nombre en vano. Un juramento se vuelve completamente inútil cuando no se cree seriamente en Dios. Por eso me gustaría que retiraran esta práctica de los tribunales de justicia, porque es obvio que la mayoría de las personas que toman la Biblia en su mano derecha no creen realmente que Dios las castigará si no dicen la verdad. Se ha

No usar el nombre en vano

convertido en una formalidad hueca.

Si alguna vez me pidieran que prestara juramento, creo sinceramente que pediría hacer una afirmación solemne, que se permite como alternativa, lo que podría sorprender a algunas personas, cuando alguien que sí cree en Dios se niega a prestarlo. Me gustaría que más personas hicieran una declaración solemne, ya que lo dirían más en serio. Pero perjurio es llamar a Dios testigo de lo que dice y luego decir una mentira. En lenguaje popular, algunos solían decir: "Que me parta un rayo si no es así". Eso es lo mismo, llamar a Dios por testigo y que te castigue si lo que dices no es verdad. Un cristiano podría decir: "A Dios pongo por testigo". Pablo lo dice en varias de sus epístolas: "A Dios pongo por testigo de que les digo la verdad". Es una forma legítima de subrayar que lo que se dice es verdad. Hacer eso y luego decir una mentira sería invitar un grave castigo por parte de Dios.

Cuando Jesús hablaba de este tipo de juramento —jurar con juramento— estaba enseñando que a lo que debe aspirar un cristiano es a la integridad de palabra, en la que no necesite jurar para convencer a la gente de que dice la verdad, en la que su "sí" sea "sí" y su "no" signifique "no", de modo que no necesite jurar por el cielo o por la tierra o por Dios o por cualquier otra cosa. Si dice "sí", la gente sabe que dice la verdad. Desconfíe siempre de alguien que empieza cada frase diciendo "Sinceramente", porque si tiene que reforzar lo que dice significa que normalmente cuando no lo dice está un poco tambaleante.

¿Se imagina una sociedad en la que todo el mundo dijera siempre la verdad? Creo que los abogados perderían un poco de negocio y se produciría una transformación asombrosa en muchas relaciones. No habría necesidad de juramento en los tribunales. Se preguntaría a la gente y respondería, pero ese no es nuestro mundo. Vivimos en un mundo de mentiras porque este es el mundo del diablo. Él es el padre de las mentiras y nos enseña a mentir tan pronto como tenemos edad para hablar. Si alguien jura, jura por Dios que dirá la verdad, y toda la verdad —porque se puede mentir callando algo— y nada más que la verdad porque se puede mentir añadiendo a la verdad. Eso es perjurio y es tomar el nombre del Señor en vano.

La segunda manera de tomar el nombre de Dios en vano es a través de blasfemias. Corrupciones como "caramba" y "vaya" pueden ser menos comunes hoy que en el pasado, pero las expresiones "¡Dios!", "¡Oh Dios mío!" o "¡Cristo!" son usadas por mucha gente casualmente, ya sea para expresar sorpresa o para enfatizar un punto. Se oye mucho lenguaje profano en todos los medios de comunicación. ¿Qué hay de malo en ello? Algunos señalan que la persona que habla no quiere decir nada en serio. La gente dice: "Es solo la costumbre, no quiero decir nada serio". Hubo un tiempo en que la gente decía: "Lo hago en el trabajo, pero no lo haría delante de la mujer y los hijos".

¿Es solo ignorancia o un signo de analfabetismo, de que alguien no ha sido suficientemente educado para utilizar las palabras correctamente y, por tanto, recurre al mismo adjetivo cada dos frases? ¿Es grave o no? Yo creo que este mandamiento dice que sí lo es, y por esta razón: que precisamente lo malo de este tipo de palabrotas es que no significan nada. Es que has vaciado las palabras de su significado, de modo que uno está devaluando el lenguaje sobre Dios. Si utiliza los nombres de Dios y de Cristo de esta manera tan descuidada y vacía, tarde o temprano influirá en los demás para que no los tomen en serio: ése es el peligro.

Por desgracia, desde hace mucho tiempo hay quienes sienten una especie de placer sádico al desafiar las convenciones de lo sagrado. Hemos vivido una época en la que los telespectadores sentían una especie de emoción al oír a alguien decir palabrotas en televisión. Pronto pierde efecto.

Hoy se tiende a encontrar que los que realmente conocen a Dios no dicen "Dios mío", usando su nombre, a menos que realmente quieren decir algo significativo acerca de él.

La tercera forma de tomar el nombre del Señor en vano es lo que quiero llamar ligereza. El sentido del humor puede ser útil si uno sabe reírse de sí mismo. Una cosa se vuelve graciosa cuando está fuera de proporción. Un hombre grande y gordo con un bombín diminuto es desproporcionado, o un hombre muy dignificado resbalando sobre una cáscara de plátano. Como es desproporcionado, nos reímos. Es bueno reírse, porque el sentido del humor mantiene el sentido de la proporción. El humor de payasadas muestra lo ridícula que puede llegar a ser la pomposidad humana. A Billy Graham, que estaba siendo entrevistado en televisión, le mostraron inesperadamente dos fragmentos de programas de humor. Uno de ellos mostraba una escena hilarante en la que un personaje religioso se tropezaba con su toga mientras pretendía ser serio: el típico chiste de payasadas. Billy se desternilló de risa. Disfrutó muchísimo. Le pareció gracioso, porque decía que para los seres humanos la pompa se convierte tan fácilmente en pomposidad. Se reía de la pomposidad humana y de las ridículas cabriolas que hacemos cuando queremos mostrar una actitud dignificada. Luego le mostraron otro programa en el que dos conocidos cómicos llegaban a las puertas del cielo y entraban y buscaban todo lo que les gustaba y no lo encontraban. Terminó con uno de ellos diciendo: "¡Maldición!".

Billy no se sonrió en ningún momento. El entrevistador le preguntó: "¿Por qué no se rio en el segundo chiste?"

Respondió: "Porque en el primero estaba viendo locuras humanas, las cosas que hacemos que son tontas. En el segundo, en cambio, se reía de las cosas de Dios".

La línea estaba bien trazada. Ahora bien, puede haber quienes piensen que Billy estaba trazando la línea de forma diferente a como ellos la trazarían, y que piensen que nunca se debería reír de la iglesia, por ejemplo. No hay que reírse del lado divino de la iglesia, pero creo que el lado humano es a veces sumamente divertido. Sacamos las cosas de proporción, pero podemos ver que hay que trazar una línea.

Uno de los peligros es que el sentido del humor se apodere de uno hasta el punto de tratar las cosas serias con ligereza, y eso es peligroso. Permítame darle algunos ejemplos. La muerte es un tema muy serio. La Biblia nunca se ríe de la muerte, ni debería hacerlo usted. La muerte es su mayor enemigo en la tierra y es el último enemigo que tendrá que enfrentar. Reírse de ella es ayudar a la gente a huir de ella, y no afrontarla y prepararse para ella adecuadamente. Es hacer daño a sus almas. Reírse del cielo o del infierno es hacer que la gente los considere como bromas y, por tanto, que no son reales ni serios. Pero el cielo es muy real, gracias a Dios, y el infierno es muy real. Así que nunca deberíamos reírnos del mobiliario del cielo ni de la temperatura del infierno. Uno es hermoso y el otro es horrible, y ambos deben tomarse en serio. La ligereza puede hacer esto. Es interesante que los que hacen bromas sobre Dios normalmente intentan evitar su nombre y hablan del "viejo" o "el hombre de arriba" o "el de allá arriba". Tal vez sientan los restos de una conciencia cristiana. Aquí hay que trazar una línea.

La cuarta forma de tomar el nombre del Señor en vano es algo para lo que Jesús no tuvo paciencia y poca misericordia: la hipocresía. Eso es tener en nuestros labios y en nuestra boca palabras que no concuerdan en nuestras vidas y en nuestras mentes. Hay dos formas de esto. Una es cuando nuestra boca dice una cosa y nuestra mente piensa otra. La otra es cuando nuestros labios dicen una cosa y nuestra vida dice otra, y todos hemos sido culpables de esto.

Durante un culto de adoración, ¿se da cuenta de que su mente divaga? Recuerdo que me ha pasado, que mi mente se ha desviado hacia un problema urgente en el que había estado pensando justo antes del culto, y he tenido que apartarlo de inmediato.

Recuerdo a un hombre que vino durante años a la iglesia con su esposa antes de convertirse en cristiano. Antes de que él se hiciera creyente noté que durante los himnos se paraba y sostenía su himnario, pero no cantaba una palabra. Me dijo por qué: "No voy a cantar eso hasta que lo crea".

No usar el nombre en vano

Le di las gracias por no cantar y le dije: "Ojalá más gente se tomara los himnos honestamente así". ¿Se imagina la emoción que sentí cuando cantó? Ahora canta y lo dice en serio, pero incluso después de convertirse al cristianismo, me dijo que había un himno que no podía cantar: *Toma mi vida y haz que sea consagrada a ti, Señor*. La razón por la que no podía cantarlo era el verso: "Toma mi plata y mi oro, ni un ápice retendré". Hasta que no enderezó sus finanzas y lo arregló, sintió que no podía cantar ese verso. No iba a tomar el nombre del Señor en vano.

La quinta forma en que podemos tomar el nombre del Señor en vano —y esta es la peor blasfemia de todas— es reclamar el nombre de Dios para alguna creencia o algún comportamiento que Dios no reconocería. La terrible verdad es que los cristianos profesantes han puesto el evangelio patas arriba, y lo han hecho en nombre de Dios. Hay una sana práctica en la Iglesia de Inglaterra de comenzar un sermón poniéndose todos de pie y el predicador dice: "En el nombre del Padre, y del Hijo, y del Espíritu Santo". Hacer eso al principio de un sermón, pero luego pasar a predicar la última filosofía o psicología o política, es quebrantar este mandamiento.

Si voy a empezar diciendo: "En el nombre del Padre...", entonces debo asegurarme de que lo que predico es lo que él dice. Esto se aplica a nuestro comportamiento. Podríamos decir: "En nombre de Dios, esto es lo que hay que hacer". La Inquisición se hizo en nombre de Dios. Las Cruzadas se iniciaron en nombre de Cristo. Ha habido guerras "santas" en nombre de nuestro Señor. La historia de la iglesia está sembrada de vergonzosos ejemplos de esto, pero aún podemos hacerlo. Podemos estar tan convencidos de que sabemos lo que es correcto que reclamamos el nombre de Dios para una determinada forma de comportamiento, y podemos estar muy lejos de la verdad.

Hemos considerado cinco formas de blasfemar, y puede haber otras. Si se preguntara si ha quebrantado el tercer mandamiento, ¿admitiría que lo ha hecho? Yo tendría que hacerlo. Estos mandamientos calan hondo. Dios se toma en serio las palabras, porque para él las palabras son algo que distingue al hombre de la bestia. Mi perro no tiene el poder del habla, pero yo sí, y puedo comunicar cosas que ningún animal puede comunicar. El don de la palabra es una de las marcas de la raza humana. Ese don puede elevarme por encima de los animales o arrastrarme por debajo de ellos, porque mi perro no blasfema. Este don de la palabra puede llevar a un hombre a lo alto o puede hundirlo.

Santiago dice de la lengua que es como un fuego de pradera prendido por el mismo infierno. Es como una fuente de la que pueden salir tanto bendiciones como maldiciones, agua dulce y amarga para que beban los demás. Santiago llega a decir que, si nunca hemos dicho algo incorrecto, somos perfectos. La lengua es la parte del cuerpo más difícil de controlar.

Este delito quebranta el mandamiento de Dios. ¿Hay remedio? ¿Cómo se detiene un incendio forestal? Una vez leí la historia de una señora en un pueblo de Francia que era una chismosa. Iba por todas partes diciendo cosas desagradables. Un día se dio cuenta de su pecado y fue a ver a su cura. Confesó y él le dijo: "Debes hacer penitencia".

Ella dijo: "Haré lo que sea".

Él dijo: "Ve y despluma dos gallinas, pon las plumas en una bolsa, camina por la calle principal y arroja las plumas por la calle".

Ella lo hizo. Regresó y dijo: "¿Puedo ser absuelta ahora?".

Él dijo: "No, hay otra parte de la penitencia. Ve y recoge las plumas".

Ella fue por la calle y vio una pluma aquí y otra allá y otra allá, pero la mayoría habían desaparecido. Volvió y dijo: "Nunca las recogeré".

Él dijo: "No, y tú nunca desharás el daño que tu lengua ha hecho en este pueblo".

¿Hay cura? ¿Sabe cuál era la cura judía? Es negativa, y realmente no funcionó. Era no usar el nombre de Dios en absoluto,

No usar el nombre en vano

nunca. Durante los siglos que precedieron a la venida de Jesús, los judíos tuvieron cada vez más temor de usar el nombre de Dios, y dejaron de usarlo. Al principio, sustituyeron el nombre de Dios por la frase "el nombre". Solían decir: "Ve y ora al nombre", y solo lo susurraban en secreto. Poco a poco se fue perdiendo tanto el uso que hoy ni yo ni nadie en el mundo tiene idea de cómo se pronunciaba el nombre de Dios. Creemos que era algo así como "Yavé", que se ha transliterado al español, pero ni siquiera los judíos saben cómo se pronunciaba originalmente. Sabemos que significaba "Yo Soy", pero nadie sabe cómo se decía, así que hemos perdido el nombre de Dios en el Antiguo Testamento.

En la Biblia, en lugar del nombre solo hay una palabra en cinco mayúsculas, "SEÑOR". Dondequiera que vea esa palabra en el Antiguo Testamento en mayúsculas, originalmente el nombre de Dios estaba allí. Pero no lo conocemos, así que no podemos ponerlo allí; ha desaparecido. Curaron el problema de tomar el nombre del Señor en vano simplemente tachando las palabras "en vano". "No tomarás el nombre del Señor". Eso lo curó, pero el inconveniente era que nadie hablaba del Señor. De modo que, así como desapareció de pensamientos serios cuando la gente tomó su nombre en vano, también desapareció de pensamientos serios al no tomarlo en absoluto. ¿Puede ver que tuvo el mismo efecto? Fue una cura negativa, y no funcionó. ¿Sabe que por eso no les gustaba Jesús? Él usaba este nombre libremente. Ellos ni siquiera se atrevían a pronunciarlo. Pensaban que morirían si lo pronunciaban. Jesús siempre lo usaba: "*Yo soy* el pan de vida".

Le dijeron: "¿Cómo puedes afirmar que conoces a Abraham? No tienes ni cincuenta años". Él dijo: "Antes que Abraham fuera, yo soy". Lo apedrearon por ello, o lo intentaron. Cuando fueron a arrestarlo en el huerto, al preguntarle "¿A quién buscan?", dijeron: "A Jesús de Nazaret".

Él respondió: "Yo soy". Cayeron al suelo, muertos de miedo. Había usado el nombre divino.

En su juicio dijeron: "¿Eres tú el Cristo, el hijo de Dios vivo?".

LAS INSTRUCCIONES DEL FABRICANTE

Contestó: "Yo soy". El sumo sacerdote rasgó sus vestiduras y dijo: "No necesitan más testigos. El hombre se ha condenado a sí mismo por su propia boca. ¿Lo oyeron llamarse a sí mismo por el nombre divino?". Lo condenaron a muerte solo por usar el nombre divino para sí, y dijeron que era blasfemia. No lo era; era verdad. Pero puede sentir cuál fue su respuesta al problema: esa no es la cura. Déjeme decirle la cura. Es positiva, no negativa. No es usar mal el nombre del Señor o dejarlo de lado, sino usarlo apropiadamente. Es hacer que el nombre y la persona vuelvan a estar juntos. Es acercarlos tanto que siempre que el nombre esté ahí, piense en la persona. Si hace esto, no lo usará mal. Al tomar el nombre del Señor en vano, le ha quitado el nombre a la persona y lo estás usando de una manera vacía y sin sentido. Vuelva a juntarlos; esa es la respuesta.

Hay un nuevo nombre para el Señor ahora. No me importa que no conozcamos el nombre hebreo de Dios y no podamos usarlo en la oración porque ni siquiera sabemos cómo decirlo. Hay un nombre nuevo, el nombre que está por encima de todo nombre. Es el nombre de Jesús. Ese es el nombre del Señor.

Sé que la gente todavía lo toma en vano. Sé que lo usan cuando golpean el clavo equivocado con un martillo. Sé que lo usan como un improperio "suave" y sé que dicen que no quieren decir nada. Ése es el problema: no quieren decir nada. Este es el nombre por encima de cualquier otro nombre. Es el nombre de la persona más grande que caminó sobre la tierra y que vive ahora. Una vez que conozca a esa persona y esté en una relación con ella, no usará su nombre equivocadamente. Una de las primeras cosas que le pasa a una persona que se convierte es que deja de decir palabrotas. ¿Lo ha notado? Cuando llega a conocer a Dios, ya no dice: "Dios mío", o "Buen Dios", porque ahora conoce al buen Dios. Si usa esa frase, sería con sentido y llena de significado y propósito.

¿Cómo sucede esto? Paso número uno: *remisión de pecados*. Necesita un lavado de boca, y solo Dios puede dárselo. Isaías vio al Señor, alto y sublime. De repente se dio cuenta de todo lo que había dicho. Oró: "Señor, estoy deshecho. Estoy acabado. Tú sabes lo que he estado diciendo con estos labios. Soy un hombre que habla mal y vivo entre gente que lo hace. Lo he aprendido de ellos". ´ Entonces vino un carbón del altar y lo quemó. Dios dijo: "Ya no hay culpa".

Ese es el primer paso. Jesús ha muerto para quitar la culpa de las cosas que usted y yo hemos dicho, y para pagar el precio por ellas. Así que todos mis perjurios, y todas mis profanidades, y todas mis ligerezas, y todas mis hipocresías, y todas mis blasfemias son perdonadas, remitidas en Jesús. Ese es el paso número uno.

Paso número dos: Necesito más que un lavado de boca, porque la boca es solo una expresión de la mente. Necesito un cambio de mente, un "lavado de cerebro" si prefiere, pero no del tipo que dan los hombres, sino algo mucho más profundo. Un "lavado de cerebro" no hace bueno a alguien; necesito *regeneración*. ¿Es ésa la respuesta? No del todo, porque la mente nueva todavía tiene que vivir en un cerebro viejo, y el cerebro viejo tiene tales hábitos que, cuando me canso o estoy bajo presión, los viejos hábitos del habla pueden salir a la luz. No proceden de mi nueva mente, sino de mi viejo cerebro. Así que necesito algo más.

Tercero: reconciliación, una nueva *relación*. Ahora llamo a Dios "Padre". ¿Hablaría de su propio padre de forma ligera o blasfema? Está mal que lo haga. La reconciliación ha creado una relación, así que ahora soy consciente de que esté donde esté, hable donde hable, él está allí escuchando. Estoy hablando delante de su cara, no a sus espaldas, así que no hablo inapropiadamente de él.

La cuarta cosa es *revelación*. Pablo escribe en Gálatas: "Dios escogió revelar a su hijo a través de mí". De ahora en adelante, el nombre del Señor va a estar en mis labios de la manera correcta. Le diré esto: no puede estar hablando del Señor de la manera equivocada y de la manera correcta al mismo tiempo.

LAS INSTRUCCIONES DEL FABRICANTE

Simplemente no puede hacerlo. Si está usando el nombre del Señor correctamente, entonces no lo usará incorrectamente. Esa es la respuesta positiva: reemplazar tomarlo de una manera hueca por usarlo en sus labios de una manera apropiada. Esta es la cura. Me gustaría garantizarle que, si aprende a hablar del Señor por su nombre correctamente, no tendrá ningún problema con el tercer mandamiento.

Cuando es bautizado, recibe un nombre nuevo. No su nombre, sino el nombre de Cristo. Está siendo bautizado en su nombre. Usted lleva el nombre. Cuando los primeros cristianos se bautizaban, no solo llevaban el nombre de Cristo en su vida, lo llevaban en sus labios. Todo lo que haga después de eso será hecho en el nombre de Jesús. Su *comunión* será en el nombre de Jesús, porque donde dos o tres están reunidos en su nombre, él está ahí. Su *oración* será en el nombre de Jesús: "Si piden algo en mi nombre, mi Padre lo hará". Su *servicio* será en el nombre de Jesús: "El que dé un vaso de agua fría en mi nombre". Su *poder* será en el nombre de Jesús. Podrá decir: "En el nombre de Jesús", y habrá poder en ese nombre. Su *sufrimiento* será en el nombre de Jesús y necesitará aprender a regocijarse de ser digno de sufrir por su nombre, y su *gloria* será en el nombre de Jesús. Todo será *en su nombre* de ahora en adelante, y el nombre de Jesús está ahora en sus manos. De nosotros dependerá que tenga buena o mala fama entre la gente. Hemos tomado su nombre, no en vano, sino con sentido.

Cuando toma su nombre correctamente, descubre que la gente a su alrededor empieza a cohibirse por tomar su nombre en vano. ¿Lo ha notado? Los hace decir más palabrotas o dejar de hacerlo, pero no pueden seguir como antes.

A menudo he hablado de un hombre cuya prometida rompió su compromiso porque no podía soportar sus palabrotas. Él se fue a casa con el corazón roto, se puso de rodillas y dijo: "Señor Jesús, ¿puedes hacer algo con esta boca mía? ¿Puedes limpiar mi lenguaje? Entonces hazlo". Volvió a la cama, durmió toda

No usar el nombre en vano

la noche, se levantó por la mañana y no se sentía diferente en absoluto. Pensó: "Qué mentira, hablar solo y llamarlo oración; no hay nadie que escuche". Se fue a trabajar y trabajó todo ese lunes. Luego, por la tarde, mientras iban a casa, él y su amigo, que trabajaba en el banco de al lado en la fábrica dijeron: "¿Estás bien, Gordon?".
"Sí".
"¿Te sientes bien?".
"Sí".
"¿Estás seguro?".
"Sí, ¿por qué?".
"No has dicho una sola palabrota en todo el día".
Eso fue hace muchos años. Él y esa chica ahora tienen una familia encantadora. Él le diría que no ha vuelto a decir palabrotas. No debe tomar el nombre del Señor en vano. El Señor no declarará inocente a quien lo haga. Tomar el nombre del Señor en vano basta para condenar a una persona al infierno, aunque no haya hecho nada malo. Pero levántese, sea bautizado y lave sus pecados invocando su nombre.

4

GUARDAR EL DÍA DE REPOSO

Cuando Dios empezó a crear los cielos y la tierra, la tierra era al principio una masa informe y caótica, con el Espíritu de Dios aleteando sobre los vapores oscuros. Entonces Dios dijo: "Hágase la luz", y apareció la luz. A Dios le agradó, y separó la luz de las tinieblas. La dejó brillar durante un tiempo y luego volvieron las tinieblas. Llamó a la luz "día" y a las tinieblas "noche". Juntos formaron el primer día. Dios dijo: "Que los vapores se separen para formar el cielo arriba y los océanos abajo". Así que Dios hizo el cielo dividiendo el vapor de arriba del agua de abajo. Todo esto ocurrió el segundo día.

Entonces Dios dijo: "Que el agua que hay debajo del cielo se junte en océanos para que surja la tierra seca", y así fue. Entonces Dios llamó a la tierra seca "tierra" y al agua "mares", y Dios se alegró. Y dijo: "Que brote de la tierra toda clase de hierba y planta con semilla, y árboles frutales con semilla dentro del fruto, para que estas semillas produzcan las clases de plantas y frutos de donde procedieron".

Así fue, y Dios se complació. Todo esto ocurrió al tercer día. Entonces Dios dijo: "Que haya luces brillantes en el cielo para alumbrar la tierra e identificar el día y la noche. Traerán las estaciones a la tierra y marcarán los días y los años". Y así fue. Porque Dios hizo dos luces enormes: el sol y la luna, para que brillaran sobre la tierra; la mayor, el sol, para presidir el día, y la menor, la luna, para presidir la noche. También hizo las estrellas. Dios las puso en el cielo

LAS INSTRUCCIONES DEL FABRICANTE

para iluminar la tierra y presidir el día y la noche, y para separar la luz de las tinieblas, y Dios se complació. Todo esto sucedió el cuarto día. Entonces Dios dijo: "Que las aguas rebosen de peces y otros seres vivos, y que los cielos se llenen de aves de todas clases". Dios los miró complacido y los bendijo a todos. "Multiplíquense y pueblen los océanos", les dijo, y a las aves les dijo: "Que aumente su número. Llenen la tierra". Así terminó el quinto día.

Dios dijo: "Produzca la tierra toda clase de animales: ganado, reptiles y vida silvestre de todo tipo", y así fue. Dios hizo toda clase de animales salvajes, ganado y reptiles, y Dios estaba complacido con lo que había hecho. Entonces dijo Dios: "Hagamos al hombre, alguien como nosotros, para que sea el amo de toda la vida sobre la tierra, en los cielos y en los mares".

Así que Dios hizo al hombre como su Hacedor, como Dios hizo Dios al hombre, hombre y doncella los hizo. Dios los bendijo y les dijo: "Multiplíquense, llenen la tierra y sométanla. Ustedes son los amos de los peces, de las aves y de todos los animales. Miren, les he dado las plantas que dan semilla en toda la tierra, y todos los árboles frutales para su alimento. He dado toda la hierba y las plantas a todos los animales y aves para que se alimenten".

Entonces Dios miró todo lo que había hecho, y era excelente en todos los sentidos, y así terminó el sexto día. Por fin estaban terminados los cielos y la tierra, con todo lo que contenían. Así que, en el séptimo día, habiendo terminado su tarea, Dios cesó de esta obra que había estado haciendo. Dios bendijo el séptimo día y lo declaró sagrado, porque era el día en que cesó la obra de la creación.

Génesis 1

Ahora mire Nehemías 13:15:

Guardar el día de reposo

Un día estaba yo en una granja y vi a unos hombres que pisaban lagares en el día de reposo, acarreando gavillas y cargando sus asnos con vino, uvas, higos y toda clase de productos, que llevaban aquel día a Jerusalén, por lo que me opuse públicamente a ellos. Había también algunos hombres de Tiro que traían pescado y toda clase de mercancías, y las vendían en el día de reposo a la gente de Jerusalén. Entonces pregunté a los jefes de Judá: "¿Por qué están profanando el día de reposo? ¿No les bastó con que sus padres hicieran este tipo de cosas y trajeran los presentes días de maldad sobre nosotros y sobre nuestra ciudad? Ahora están trayendo más ira sobre el pueblo de Israel al permitir que el día de reposo sea profanado de esta forma".

Así que desde entonces ordené que las puertas de la ciudad se cerraran al anochecer del viernes, y que no se abrieran hasta que terminara el día de reposo. Envié a algunos de mis siervos a vigilar las puertas para que no se introdujera ninguna mercancía en el día de reposo. Los mercaderes y comerciantes acamparon fuera de Jerusalén una o dos veces, pero yo les hablé duramente y les dije: "¿Qué hacen aquí acampados alrededor de la muralla? Si vuelven a hacerlo, los arrestaré". Esa fue la última vez que vinieron en el día de reposo.

Entonces ordené a los levitas que se purificaran y custodiaran las puertas para preservar la santidad del día de reposo.

"Acuérdate de esta buena acción, oh Dios mío, y ten compasión de mí conforme a tu gran bondad".

Vea también Marcos 2:23 - 3:6:

En otra ocasión, en un día de reposo, mientras Jesús y sus discípulos caminaban por los campos, los discípulos estaban partiendo espigas de trigo y comiéndose el grano. Algunos de los líderes religiosos judíos le dijeron a Jesús: "No deberían estar haciendo eso. Va en contra de nuestras leyes cosechar grano el día de reposo".

Pero Jesús contestó: "¿No han oído hablar de aquella vez que los compañeros del rey David tuvieron hambre? Él fue a la casa de Dios —Abiatar era sumo sacerdote entonces— y comieron el pan especial que solo se les permitía comer a los sacerdotes. Eso también estaba en contra de la ley, pero el día de reposo fue hecho para beneficiar al hombre y no el hombre para beneficiar al día de reposo. Yo, el Mesías, tengo autoridad incluso para decidir lo que los hombres pueden hacer en los días de reposo".

Mientras estaba en Capernaúm, Jesús se acercó de nuevo a la sinagoga y vio allí a un hombre con una mano deformada. Como era día de reposo, los enemigos de Jesús lo vigilaban de cerca. ¿Curaría la mano del hombre? Si lo hacía, planeaban arrestarlo. Jesús pidió al hombre que se acercara y se pusiera de pie delante de la congregación, y volviéndose hacia sus enemigos les preguntó: "¿Está bien hacer buenas obras en el día de reposo? ¿O es éste un día para hacer daño? ¿Es un día para salvar vidas o destruirlas?". Pero no quisieron responderle. Mirándolos enojado, pues le molestaba profundamente su indiferencia ante la necesidad humana, dijo al hombre: "Extiende tu mano". Así lo hizo, y al instante su mano quedó curada. De inmediato, los fariseos fueron y se reunieron con los herodianos para discutir planes para matar a Jesús.

Hace algunas décadas tuve el privilegio de visitar la pequeña isla de Iona, frente a la costa oeste de Escocia. Fuimos en el viejo barco de vapor llamado "Rey Jorge V". Transportaba turistas y visitantes a la abadía. Era lunes, y un pasajero le dijo al capitán acerca del viejo barco: "Este barco ciertamente no fue construido ayer".

El capitán respondió: "Ciertamente no. En estos lugares, guardamos el día de reposo.
Lejos, en Israel, vi un kibutz desde el autobús en el que viajábamos. Era una comunidad agrícola israelí, y noté algo extraño en ella. A bastante distancia de los edificios de la comunidad había una serie de postes, cada uno de unos tres metros y medio de altura, en un círculo completo alrededor del kibutz, y corriendo a lo largo de la parte superior de los postes había una sola hebra de alambre liso. No era eléctrico y estaba claro que no era una valla. Le pregunté al guía: "¿Para qué es ese alambre?". Me contestó: "Es un kibutz ortodoxo estricto, y ese alambre marca la longitud de un día de camino sabático. Pueden caminar hasta esa alambrada y pueden dar la vuelta una vez dentro de la alambrada, y eso es un día de viaje sabático. No tienen permitido ir más allá".

Afuera de una antigua iglesia metodista vi un insólito letrero escrito con tiza que decía: "Abierto los domingos". Lo había puesto la empresa de demolición. Estaba debajo de un anuncio de venta de madera y ladrillos viejos, que uno podía ir a comprar al edificio que estaban derribando. Ojalá hubiera tenido una cámara para hacer una foto de una vieja iglesia en ruinas con un anuncio de "Abierto los domingos", que hacía cosquillas a mi sentido del humor.

Los domingos solían ser toda una institución en Inglaterra, para bien o para mal. No creo que haya mucha gente que votaría por abolirlo del todo. La mayoría de la gente que tiene los fines de semana libres en el trabajo se alegra de poder descansar. A lo largo de los años he visto grandes cambios en la observancia del domingo, ya que la desregulación ha reducido la diferencia entre los domingos y los demás días.

En relación con esa discusión, un grupo de cristianos creyentes en la Biblia, hombres con un conocimiento considerable de la Palabra, se reunieron en Londres para elaborar una actitud cristiana hacia el domingo y producir un libro sobre el tema para guiar a los cristianos modernos. El hecho es que ese grupo de hombres, que creían en la Biblia como la Palabra de Dios, no pudieron llegar a un acuerdo sobre la orientación para los cristianos de hoy y terminaron con diferentes opiniones sobre el tema.

Por eso me doy cuenta de que el hielo se vuelve delgado cuando hablo de este tema. Tengo la sensación de que la mayoría de nosotros adoptamos una actitud hacia el domingo que, o bien es directamente heredada de nuestra educación, o bien es una reacción a esa educación, y que debemos mucho más de lo que nos atrevemos a admitir a la costumbre humana en este asunto.

Por poner un ejemplo, a mí me educaron en la creencia de que estaba muy bien pasear por un jardín en domingo, que era un lugar agradable en el que estar. Pero arrancar siquiera una raíz de diente de león mientras se pasea por el jardín sería sobrepasar una línea definida; esa es la clase de tradición que algunos heredan en una educación cristiana.

Otros han heredado una educación mucho más estricta que la que yo tuve en este asunto y están en violenta reacción contra ella. Hombre tras hombre me han dicho algo así, y puede que lo hayan hecho como excusa: "La forma en que nos educaron el domingo cuando éramos niños me ha desanimado. Ahora nunca lograrás que me acerque a una iglesia. Era una carrera loca. Iba a la iglesia, volvía, iba, volvía, iba, comidas apresuradas y vuelta a la escuela dominical y vuelta a la iglesia. Mientras mamá y papá dormían por la tarde, nosotros íbamos a la escuela dominical, y todo esto generó resentimiento". Así que hay muchos que reaccionan y es muy, muy difícil para los cristianos de hoy en día llegar a este tema con una mente abierta, y leer la Biblia con una mente abierta, y ver lo que realmente dice, y luego ponerlo en práctica en la vida cotidiana.

Ahora voy a ser algo osado. Voy a ser bastante franco y decir que deben tomar lo que les ofrezco aquí como mi opinión ponderada y nada más, excepto cuando cito la Biblia, y entonces

Guardar el día de reposo

pueden tomarla como verdad absoluta y resolverla por ustedes mismos. Pero no puedo ser más dogmático que eso en un tema que ha causado profundas diferencias entre cristianos sinceros.

En primer lugar, voy a llevarlo a través de la Biblia en una especie de viaje relámpago, "de generación a revolución", y obtener el cuadro completo y ver lo que realmente dice acerca de este día de la semana. Luego, en segundo lugar, voy a darle un recorrido relámpago a través de dos mil años de historia, observando lo que ha sucedido con el domingo a lo largo de los siglos. Solo una o dos palabras sobre cada época, y luego llegaré al día de hoy y le diré cómo creo que debemos abordar este tema para nosotros.

No vamos a tratar la legislación pública. Los Diez Mandamientos se dirigen al individuo, no a la sociedad. La palabra "tú" que aparece al principio de cada mandamiento está en singular: se refiere al comportamiento personal. Por eso el mandamiento "No matarás" se refiere al asesinato. No se refiere a la pena capital; no se refiere a la guerra, pero ese es otro tema. Se dirige al individuo: "No debes tomar tú mismo la decisión de quitar la vida a otro". Eso es asesinato.

"Te acordarás del día de reposo para santificarlo". Veamos primero el Antiguo Testamento. La posición es clara. Para los judíos, el día de reposo era una de las tres cosas que los diferenciaban de los demás. Comer carne sin sangre era la segunda, y, para los hombres, ser circuncidados era la tercera. El día de reposo era una de esas señales de su raza que los distinguía del resto de la humanidad, y esta señal les fue dada por Dios, escrita por el dedo de Dios, indeleblemente, en piedra. Eso era suficiente para el judío. La regla era que un día de cada siete, el último día de cada semana, debía apartarse del trabajo remunerado y dedicarse a Dios, para descansar y para recordarlo a él.

La razón que se da para esta regla es que cuando Dios hizo al hombre, lo hizo en cierto sentido *semejante* a sí mismo. Necesitamos estar relacionados con Dios, y el hombre no vive

LAS INSTRUCCIONES DEL FABRICANTE

solo de pan, y si trabaja siete días a la semana entonces se está comportando como un animal, pues los animales "trabajan" siete días a la semana. Esto es algo que distingue al hombre de toda la creación, porque ninguna parte de la naturaleza que yo conozca tiene un descanso sabático. Lo comprobé a mi costa cuando fui a trabajar a una granja y tenía que levantarme a las cuatro cada mañana, incluidos los domingos, para ordeñar noventa vacas. Ojalá hubieran tenido un día de reposo a veces. El maíz seguía creciendo solo, pero las vacas no se ordeñaban solas, así que teníamos que levantarnos y hacerlo. Únicos entre toda la creación, los hombres recibieron esta regla y el pueblo de Dios la recibió.

Aquí tenemos algo único, que el hombre es más que un animal y, si va a poner eso en práctica, entonces tiene que alejarse de la actividad del trabajo, y tiene que conectarse con Dios cada tanto, o solo vivirá a un nivel animal. Esa es la razón que se da, y tan en serio se lo tomó Dios que dijo que cualquiera que quebrante esta ley pagaría con la pena de muerte.

Así que no era algo opcional. Había muchas reglas subsidiarias que Dios dio para ilustrar lo que quería decir. Les dijo que no debían recoger palos en el día de reposo, que no debían encender fuego en el día de reposo, que no debían asar carne en el día de reposo, y muchas otras cosas. Pero había muchas otras cosas que no les dijo, así que los escribas judíos comenzaron a desarrollar más y más reglas sobre lo que se podía y no se podía hacer. En este punto, las leyes de Dios se convirtieron en tradiciones de hombres, y ese es un punto peligroso. Tan pronto como las tradiciones humanas entran en la religión es probable que se pierda la realidad y la alegría de lo que Dios pretende como una bendición, y se convierte en una carga. Eso fue precisamente lo que sucedió con el día de reposo judío.

He enumerado algunas de las cosas que los escribas decían que no se podían hacer. No se podía curar un hueso roto en el día de reposo. No se podía administrar un emético en el día de reposo. No se podía hacer un nudo en el día de reposo. No podía mirarse en un espejo en el día de reposo por si veía una cana y se la arrancaba, que es segar. No se podía matar una pulga en el día de reposo, lo que debía haber producido animadas reuniones en la sinagoga. No se podían comer los huevos puestos por una gallina en el día de reposo, porque la gallina había quebrantado la ley del día de reposo.

Ellos no se reían, y los escribas que hacían estas reglas no se reían. Pensaban honestamente —sinceramente, totalmente— que estaban haciendo lo que Dios quería. Aunque nos reímos de ellos, hacemos cosas igualmente tontas. Por total sinceridad hacia Dios insistimos en ciertas costumbres en nuestra religión que Dios nunca pretendió. Así que démonos cuenta de lo que puede ocurrir. La bendición se convirtió en una carga, el día de deleite se convirtió en un día de deber, y el día que debería haber levantado a los hombres los deprimió. El día de reposo era un día en el que solo se estaba agradecido por pasar otra semana; era una carga. Dios lo había destinado para el bien del hombre y, para cuando vino Jesús, se había convertido en algo que perjudicaba al hombre. Esa era la situación. Una cosa buena dada por Dios había sido destruida por la interferencia del hombre.

Hay una parte del mandamiento que la gente no discute hoy en día: "Seis días trabajarás". Si va a ser legalista, entonces debe aplicar esta también. Si usted va a abogar por la observancia del Día del Señor como una *observancia*, entonces debería estar agitando por una semana de seis días al mismo tiempo. Lo que nos dice inmediatamente que nos hemos alejado del enfoque legalista. Nos guste o no, no hay ninguno de nosotros que sea completamente legal al respecto.

Hay algunos cristianos profesantes (los "Adventistas del Séptimo Día") que insisten en observar esta ley al pie de la letra, lo que significa, por supuesto, que comienzan el día de culto a las 6 de la tarde del viernes y terminan a las 6 de la tarde del sábado.

¿Qué hizo Jesús? Hay una ambigüedad muy difícil sobre la vida de Jesús en relación con el día de reposo. Por un lado, nació judío.

LAS INSTRUCCIONES DEL FABRICANTE

Fue circuncidado al octavo día. Estaba bajo la ley. Por lo tanto, guardaba cada parte de ella. Su costumbre era ir a la sinagoga el día de reposo. Para él era un día de culto. Así que aceptó el día de reposo judío: de las 6 de la tarde del viernes a las 6 de la tarde del sábado como día de descanso y adoración. Vivió bajo esa ley. Pero mostró una notable libertad con respecto a la forma en que otras personas observaban la ley. Por ejemplo, ni por un momento guardó ninguna de las tradiciones y reglas que los hombres habían hecho para el día de reposo. Simplemente las ignoraba. Esto fue lo que provocó la mayor fricción entre él y las autoridades religiosas y las llevó a tramar su muerte (como vimos en el Evangelio de Marcos). Cuando sus discípulos rompían las tradiciones, él los defendía. Dijo: "Ustedes invalidan la ley de Dios por las tradiciones, por los mandamientos de los hombres". Habían añadido tanto equipaje a la canoa que se había dado la vuelta.

Note también que Jesús veía el sábado como un día de *actividad relajada*. Él era mucho más positivo. Ellos enseñaban: "Es un día para dejar de hacer cosas", pero sus palabras significan que es precisamente el día para *hacer* cosas: para descansar del propio trabajo a fin de hacer las obras de Dios.

¿Qué hizo Dios el séptimo día cuando "descansó"? Trabajó más que durante los otros seis días, porque el séptimo día (en Génesis 2:1) nunca terminó; todavía sigue. El trabajo de la creación fue terminado en seis días. Personalmente no creo que los seis "días" fueran de veinticuatro horas. No creo que la escritura exija esa interpretación exclusiva. Creo que hubo seis "días" de Dios porque el séptimo "día" ha durado mucho tiempo. ¿Qué está haciendo Dios ahora? No es que siga haciendo cosas. Ahora trabaja para el bien de los hombres. Por eso Jesús, justificando un milagro de curación en el día de reposo, dijo: "Mi Padre trabaja hasta ahora, y por eso ahora yo trabajo". Usó eso para describir lo que hacía en él día de reposo. Así que el día de reposo no era un día para sentarse en un sillón y poner los pies en alto, sino un

Guardar el día de reposo

día para dejar de trabajar para uno mismo y hacer algo para Dios y, por lo tanto, probablemente para otra persona. Jesús puso este énfasis positivo. Podrían haber dicho: "Están infringiendo la ley porque un hombre con una mano seca puede venir al día siguiente; puede esperar, no es una emergencia". Pero Jesús habló de hacer el bien en el día de reposo, y eso fue lo que hizo.

¿Alguna vez pensó que el domingo sería una oportunidad maravillosa para hacer el bien? ¿Salir y visitar a alguien necesitado, hacer algo por otra persona? ¿No sería un mejor uso del domingo ir a cavar el huerto de una persona pobre que quedarse en casa leyendo una novela? Intento que piense como pensaba Jesús, y que se aleje de los tabúes y escrúpulos que a veces nos ciegan ante las posibilidades reales del día. Jesús lo hizo más positivo.

No solo eso, sino que, por extraño que parezca, Jesús nunca enseñó la observancia del día de reposo, si bien mencionó todos los demás mandamientos en sus enseñanzas. En el Sermón del Monte trató varios. Lo que sí enseñó fue: "Ustedes han hecho del hombre el medio y del día de reposo el fin, mientras que Dios lo hizo al revés: hizo el día de reposo para el hombre, no el hombre para el día de reposo. "Ustedes lo están convirtiendo en algo que no ayuda, sino que obstaculiza. Pero incluso yo estoy a cargo del día de reposo, y soy yo quien debe decidir lo que pasa en el día de reposo". La siguiente cosa que noto es que Jesús resucitó de entre los muertos el primer día de la semana, un día normal de trabajo, y puso fin a que los cristianos adoraran el sábado para siempre. ¿Por qué no resucitó el sábado?

El día de Pentecostés, cuando Jesús derramó el Espíritu, era un día de trabajo. Eso fue lo que cambió profundamente la actitud de los creyentes. Si el día de reposo hubiera continuado en su forma judía, lo obvio habría sido resucitar el sábado, disponiendo su muerte para unos días antes (pues él decidió cuándo morir). Es como si Jesús mismo fuera a hacer una ruptura definitiva.

Pasemos ahora a lo que hicieron los creyentes, según consta

en el resto del Nuevo Testamento. Primero, cada creyente judío en la iglesia primitiva hacía dos cosas el domingo: *adoraba* y *trabajaba*, porque era *un día normal de trabajo*. El feriado semanal era el sábado. No podían mantener un trabajo y no trabajar el domingo. Por lo tanto, los cultos eran temprano en la mañana y tarde en la noche. Si cree que cuando Eutico se durmió y se cayó por la ventana porque Pablo seguía predicando a medianoche es que había estado hablando desde las 6.30 p.m. entonces debería pensarlo de nuevo. Era porque tenían que tener sus cultos a las cuatro de la mañana y a las diez de la noche que tales cosas podían suceder.

Así que trabajaban el domingo, porque eran judíos. Pero también adoraban en domingo y partían el pan en domingo. Celebraban el domingo como el comienzo de algo grande. Los creyentes gentiles, cuando entraron en la fe, también trabajaban el domingo porque no había descanso semanal en el imperio romano, solo cada diez días. Tenían dos o tres días libres cada mes, así que los cristianos gentiles tampoco tenían un domingo libre.

Aquí está lo sorprendente: Pablo, el misionero a los gentiles, que era muy cuidadoso con lo que les enseñaba, *ni una sola vez les dijo que observaran un día de descanso semanal*. ¿Se ha dado cuenta de eso? Eso puede ser un argumento a partir del silencio, un argumento negativo. Pero el lado positivo es este: Pablo en realidad les enseñó a *no* observar los días de reposo. En Romanos 14 escribe: "Hay quien considera que un día tiene más importancia que otro, pero hay quien considera iguales todos los días. Cada uno debe estar firme en sus propias opiniones. El que le da importancia especial a cierto día, lo hace para el Señor... Tú, entonces, ¿por qué juzgas a tu hermano? O tú, ¿por qué lo menosprecias?".

A los gálatas les escribe: "Antes, cuando no conocían a Dios, ustedes eran esclavos de los que en realidad no son dioses. Pero ahora que conocen a Dios —o más bien que Dios los conoce a ustedes—, ¿cómo es que quieren regresar a esos principios ineficaces y sin valor? ¿Quieren volver a ser esclavos de ellos? ¡Ustedes siguen guardando los días, los meses, las estaciones y los años! Temo por ustedes, que tal vez me haya estado esforzando en vano". La palabra que utiliza es "días de reposo". En el capítulo 2 de Colosenses escribe: "Así que nadie los juzgue a ustedes por lo que comen, beben o con respecto a días de fiesta religiosa, de luna nueva o de sábado. Todo esto es una sombra de las cosas que están por venir; la realidad se halla en Cristo". ¿Entiende lo que Pablo está diciendo en esos pasajes? La observancia del sábado es una cuestión individual voluntaria de conciencia. No hay ninguna ordenanza del Señor, ningún mandamiento del Señor. Esto era una sombra, y cuando se tiene la realidad, la sombra no importa mucho. La realidad del día de reposo es ésta: *el descanso sabático de Dios*. La carta a los Hebreos fue escrita a cristianos judíos. El capítulo 4 dice que el día de reposo no es un día sino el descanso que llega a nuestra alma cuando dejamos de intentar ser lo suficientemente buenos.

Así que este es el descanso sabático que queda para el pueblo de Dios, que él quiere que todos nosotros disfrutemos, todo el tiempo, todos los días de la semana: cesar de nuestras propias obras y dejar que él haga algo en nosotros. Eso es lo que el día de reposo estaba destinado a prefigurar. Cuando tiene la realidad, ¿por qué preocuparse por la sombra? Cuando ha entrado en el descanso, ¿por qué preocuparse por la "observancia del domingo"? Cuando está descansando de sus propias obras y disfrutando de la paz de Dios en su corazón, ¿por qué volver a la esclavitud de las reglas y regulaciones sobre los días? Eso es sustancioso, y me dice que el domingo no es el día de reposo. Dejemos eso absolutamente claro. Si tomamos el Nuevo Testamento como la Palabra de Dios, *el domingo no es el día de reposo*. El día de reposo era una sombra judía; el domingo es el día en que celebramos nuestro descanso en Jesús. Es algo totalmente diferente.

¿Qué hay de la historia de los últimos dos mil años? En los primeros trescientos años del cristianismo no hubo domingo.

LAS INSTRUCCIONES DEL FABRICANTE

Adorar el primer día de la semana, sí, pero sin domingo, sin día de descanso semanal, y la iglesia nunca creció tan rápido como durante esos trescientos años. Algunos creen que si perdemos nuestro domingo inglés el reino de Dios se derrumbaría, pero no lo crea.

Entonces el emperador se hizo cristiano y una de las primeras leyes que aprobó fue que el domingo sería un día de descanso. Eso fue una gran bendición para los cristianos. Ahora podían reunirse a una hora razonable. Pero entonces promulgó otra ley: *debían ir a la iglesia*. Fue en el año 305 en España que el sabatismo llegó arrasando. No pasó mucho tiempo antes de que hubiera leyes sobre el circo, leyes sobre el deporte, y todo lo que hemos asumido que es lo "cristiano" que hay que hacer. Pero vino a través de un emperador cristiano que tuvo la oportunidad de hacer las leyes.

Fue a lo largo de la Edad Media y la Edad Oscura que el domingo se convirtió en una carga para la gente. Se convirtió en un día aburrido e infeliz. Lo que puede sorprenderle es que fue la Reforma la que produjo lo que llamamos el "domingo continental". Los líderes de la Reforma (como Martín Lutero y Juan Calvino) introdujeron nuevas ideas sobre el domingo como un día de libertad. En Ginebra, Calvino, a quien se considera uno de los grandes reformadores de donde surgieron todos los presbiterianos y las iglesias reformadas, solía predicar por la mañana a sus fieles e ir a jugar a la petanca con ellos por la tarde.

No culpen del "domingo continental" a los católicos romanos. Fueron los protestantes quienes lo hicieron y quienes dieron libertad a los pueblos de Europa de esa manera. Es un poco sorprendente, pero si visita Suiza y va a la Asamblea de los Hermanos por la mañana, lo llevarán a esquiar con ellos por la tarde.

Fue en Inglaterra donde surgió una nueva actitud con un grupo de cristianos muy sinceros y encantadores llamados puritanos, que querían hacer de este día, cada vez más, como ellos lo llamaban, un "día de reposo". Bajo su influencia se prohibieron todos los juguetes excepto el Arca de Noé. Todos los libros profanos se guardaron en el armario, y el Progreso del Peregrino, el Libro de los Mártires de Fox y la Biblia fueron lectura dominical. Fue gracias a la influencia puritana que ese tipo de domingo se extendió al Nuevo Mundo y acabó convirtiéndose en ley inglesa. La mayoría de nuestras leyes dominicales se remontan a ese periodo. Preparó el camino para algo que ha causado desdicha desde entonces: el domingo victoriano, en el que no se reía y los niños no hacían ruido, uno se vestía con ropas fúnebres y el domingo era un día serio.

Parece una gran tragedia que de ser un día para celebrar la resurrección y la alegría se convirtiera en un día que mucha gente recuerda con cierta tristeza, aunque hubo quienes disfrutaron de la vida familiar que propiciaba aquel día tan serio. Era inevitable que en el siglo XX se produjera una reacción en contra. Hemos asistido a un descenso arrollador de la asistencia a la iglesia. Hemos sido testigos durante nuestra vida de un deseo de convertir el domingo en el "día de diversión", y luego en el "día de pecado". Si usted lee un periódico dominical típico, leído por millones de personas, verá lo que quiero decir. ¿Por qué los periódicos dominicales parecen ser aún más bajos en moral que los periódicos de la semana? Se ha producido una reacción de la que quizá hayamos sido en parte responsables. La gente ha dicho: "Queremos hacer lo que nos gusta el domingo". Así que se quedan en casa, ven televisión, arreglan el jardín, lavan el coche, cualquier cosa menos venir a Dios.

Entonces, ¿qué vamos a hacer el domingo? Hay tres actitudes que puede adoptar y las encontramos todas en la carta de Pablo a los Gálatas: *legalismo, licencia o libertad*. Le ruego que consideren la libertad. El legalismo es volver a las normas y reglamentos y decir: "No hagas eso, es domingo", y educar a nuestros hijos con el sentimiento de que el domingo es un día triste en el que no deben hacer cosas. Si viven con eso reaccionarán en contra, y con razón. El legalismo no es el camino. Lo convierte

LAS INSTRUCCIONES DEL FABRICANTE

en un día triste y agobiante, una obligación impuesta en la que la santidad degenera fácilmente en santurronería. El segundo camino es el extremo opuesto: la licencia. Quiero hacer lo que quiera el domingo. "Si quiero hacer esto lo hago, si quiero hacer aquello lo hago". Eso es lo que mucha gente hace hoy con el domingo, y no es libertad. Lleva a un domingo aburrido, francamente. Una de las razones por las que cada vez hay más demanda de entretenimiento comercial es precisamente porque la gente se aburre. ¿Sabía que la costumbre de quedarse acostado los domingos comenzó en la época victoriana porque era la única alternativa respetable a ir a la capilla? Tampoco busquemos la licencia. El domingo no es un día para hacer lo que me dé la gana.

Pero la *libertad* consiste en ser libre para dejar que Jesús sea el Señor de todos los días, incluido el domingo. Es hacer el domingo lo que a Jesús le gustaría que hiciera, dejar que él decida lo que se hace. Ese es el reclamo que hizo sobre el día de reposo judío, pero lo hace sobre cada día de nuestra vida: domingo, lunes, martes, hasta el domingo siguiente. Pero el domingo quiero ser libre para observar el domingo. Por lo tanto, debo dejar a otros la libertad de no observar el domingo. Quiero ser libre para adorar a Dios el domingo, por lo que debo dejar a otros la libertad de no hacerlo. Quiero ser libre de venir al pueblo de Dios y adorar con ellos. Quiero ser libre de tener un día diferente a los demás y especialmente para Dios, pero no predicaré eso como una imposición o una ordenanza del Señor, porque el Señor Jesús nunca nos dijo que lo hiciéramos.

Siguiendo la enseñanza de Pablo, resuélvalo entre usted y el Señor, y haga lo que el Señor quiera que haga, no lo que *usted* quiera hacer. Creo que ese enfoque del domingo lo convierte en el mejor día de la semana, el más emocionante, y el más agradable. Como un oasis en el desierto, lo espera con impaciencia y lo levanta para la semana, y lo recuerda durante toda la semana siguiente. Es un día de inspiración; es un día de elevación. Quiero ser libre de mis propias obras para poder hacer sus obras. Quiero ser libre de hacer dinero para ser libre de hacer melodías. Quiero ser libre para adorar a Dios; ésa es la verdadera libertad.

Los cristianos que van a la iglesia hoy en día, gracias a Dios, lo hacen porque son libres de hacerlo, no porque haya una ley en Inglaterra que diga que deben ir a la iglesia todos los domingos por la mañana. Los cristianos son libres de dar todo el día a Dios, no solo dos horas por la mañana y por la tarde. Son libres de dárselo todo a Dios. Si ellos correcta y libremente dan el domingo a Dios, no como una obligación, no como algo que el Señor les ha dicho que hagan, sino algo que ellos quieren hacer porque aman al Señor, cada otro día será diferente también. Cada día disfrutarán del descanso del día de reposo. Esto es lo que disfrutaba un cristiano de hace muchos siglos que escribió un hermoso himno con la línea: *Siete días enteros, no uno en siete, te alabaré*.

El peligro de la "observancia del domingo" es que, cuando lo ha cumplido usted puede volver a ser lo que era. El peligro está incluso dentro del domingo, que, si considera que ir a un culto religioso es haber "cumplido con su deber" y que el resto del día es suyo, no ha entrado en el descanso del día de reposo. No ha disfrutado de la libertad del yo y la libertad del pecado, que es el verdadero descanso sabático de Dios.

Veo el domingo como un día en el que puede entrar en un descanso sabático para el resto de la semana. Si ama a alguien no dice: "¿Cuánto tiempo debo pasar con mi prometida? ¿Será suficiente una hora?". ¿Se imagina a alguien hablando así de alguien a quien ama? Si alguien preguntara: "¿Cuál es el número mínimo de veces que debería ir a la iglesia?", revelaría enseguida que no ama a Dios. Amo el domingo, aunque para mí no sea un día de reposo.

Libertad cristiana: ¡alabado sea Dios por ella!

5

HONRAR AL PADRE Y A LA MADRE

Comenzamos este estudio con uno de mis incidentes favoritos de la Biblia. ¡Imagínese no saber nada de la vida del Hijo de Dios durante treinta años, excepto un incidente! ¿No le gustaría saber cómo se comportaba Jesús en Nazaret y qué cosas le ocurrieron en su adolescencia? Hemos visto a Jesús cuando solo tenía ocho días de edad, y luego tenemos otra visión a la edad de doce años:

> Cuando los padres de Jesús cumplieron todos los requisitos de la ley de Dios [*Eso dice algo de José y María, ¿no?*], regresaron a su casa en Nazaret de Galilea. Allí el niño se hizo un muchacho fuerte y robusto, y era conocido por una sabiduría superior a la de su edad, y Dios derramó sus bendiciones sobre él.
>
> Cuando Jesús tenía doce años acompañó a sus padres a Jerusalén para la fiesta anual de la Pascua, a la que asistían todos los años. Al terminar la fiesta, regresaron a Nazaret, pero Jesús se quedó en Jerusalén. Sus padres no lo echaron de menos el primer día, pues supusieron que estaba con unos amigos entre los demás viajeros, pero al no aparecer esa noche empezaron a buscarlo entre sus parientes y amigos. Al no encontrarlo, volvieron a Jerusalén para buscarlo allí. Tres días después, por fin lo encontraron. Estaba en el templo, sentado entre los maestros de la ley, discutiendo con ellos cuestiones profundas y asombrando a todos con su comprensión y sus respuestas. Sus padres no sabían qué pensar. "Hijo", le dijo su madre, "¿por qué nos has hecho esto? Tu padre y yo hemos estado buscándote

frenéticamente por todas partes". *[Ese pequeño discurso es tan típico, ¿verdad?]*
"Pero ¿por qué tuvieron que buscar?", preguntó, "¿no se dieron cuenta de que estaría aquí, en el templo, en la casa de mi Padre?". *[¿Se da cuenta de un detalle ahí? "Tu padre y yo hemos estado buscándote frenéticamente" y "He estado con mi Padre". Con un sobresalto, María se dio cuenta de que él sabía quién era su Padre. Ella nunca le había dicho la verdad, y siempre había pensado que él creía que José era su padre. Ahora ella sabe que él sabe]*. Pero no entendieron lo que quería decir. *[No fueron los primeros padres que no entendieron a su hijo, ni siquiera a los doce años. Ahora viene lo asombroso]*. Entonces volvió a Nazaret con ellos y fue obediente a ellos, y su madre guardaba todas estas cosas en su corazón. Así creció Jesús, alto y sabio, y fue amado por Dios y por los hombres.

Lucas 2:39ss [mis palabras entre corchetes]

"Honra a tu padre y a tu madre, para que disfrutes de una larga vida en la tierra que te da el Señor tu Dios".

No necesito decirle que la vida familiar está cambiando radicalmente. Su tamaño está cambiando. El número promedio de hijos es ahora de dos a tres. La madre de mi esposa tenía trece. No solo ha cambiado su tamaño, sino también su alcance. Hoy en día, en la mayoría de los hogares solo viven dos generaciones, mientras que no hace mucho tiempo muchos hogares tenían tres generaciones viviendo juntas. Muy a menudo, mi generación estaba tan influenciada por nuestros abuelos como por nuestros padres. Así que todo el modelo de vida familiar está cambiando. De hecho, algunos predicen que la familia dejará de existir.

Ha habido muchos intentos de analizar las numerosas causas del desmoronamiento de gran parte de la vida familiar. Detrás de todas ellas, Satanás debe estar frotándose las manos, porque uno de sus objetivos prioritarios es romper la unidad que llamamos familia. ¿Por qué? Porque cuando se rompe la familia se rompen casi todos los demás grupos sociales. Es la unidad básica fundamental, como un ladrillo para una pared. En las iglesias es cierto que la columna vertebral, el núcleo de muchas comunidades eclesiásticas, está formado por familias cristianas. Damos gracias a Dios por aquellos que son cristianos pero cuyas familias no lo son, pero una familia cristiana es una unidad que hace una iglesia fuerte, una nación fuerte y comunidades fuertes.

Si la familia se rompe, la mayoría de los otros grupos sociales sufren. Si lee *La decadencia y caída del Imperio Romano*, se encontrará con un panorama asombroso: medidas desesperadas de anticoncepción, abandono de hijos, divorcios frecuentes, cambios de pareja. Cuando la familia romana empezó a desintegrarse, todo el entramado de la estructura del imperio se resintió.

Estamos interpretando los mandamientos a la luz del Nuevo Testamento. Hemos visto que un mandamiento, a través de Jesús, se transforma radicalmente y se cumple de manera muy diferente para el cristiano que para el judío. Eso se aplicó al último mandamiento, el cuarto, relativo al día de reposo. Pero cuando llegamos a éste, encontramos que atraviesa toda la enseñanza de Jesús y es citado textualmente seis veces en el Nuevo Testamento, mientras que el mandamiento sobre el día de reposo no se cita ni una sola vez. Así pues, este mandamiento sobre honrar a los padres pasa directamente de la vida judía a la vida cristiana y, tal como está, es una parte vital de nuestras relaciones cristianas en comunidad.

¿Qué significa este mandamiento? ¿*Cómo* debemos honrar a nuestro padre y a nuestra madre? Dirijo mis palabras en primer lugar a los que tienen padres y madres, y después a los que tienen hijos, porque creo que este mandamiento tiene dos caras, una que está escrita y otra que está entre líneas. Sin duda, la primera forma de honrar a los padres en la primera etapa de la vida es mediante la *sumisión*, que no es una palabra popular. La he elegido deliberadamente. Pensé en decir "obediencia", pero

LAS INSTRUCCIONES DEL FABRICANTE

luego pensé que "sumisión" le sentaría mejor, porque suena a algo que no nos gusta hoy en día. No nos gusta la autoridad. No nos gusta que nadie esté por encima de nosotros. Queremos expresarnos. Queremos ser independientes. Queremos manejar nuestras propias vidas. Pero mientras un hijo está en casa y depende de sus padres, este mandamiento es un llamado al hijo para que sea sumiso a sus padres. Llámelo obediencia si quiere. Hay algo profundamente antinatural en un hijo con voluntad propia. No es natural, y rompe un hogar muy rápidamente. Así que debe haber este primer entendimiento: "Hijos, obedezcan a sus padres en el Señor".

Básicamente es la misma actitud a lo largo de toda la vida, pero en la práctica, con las circunstancias cambiantes de la edad, la misma actitud se expresará mediante relaciones diferentes en cada etapa. Llegará un momento en que esa dependencia se convierta legítimamente en independencia, y entonces cambiará, de sumisión a cortesía y a respeto. Uno de los grandes peligros actuales es que muchos jóvenes pueden haber tenido en la vida oportunidades mucho mejores de las que disfrutaron sus padres. Probablemente tengan más conocimientos y sean más listos, pero eso no significa que sean más sabios. Es esta confusión entre ser inteligente y ser sabio lo que puede hacer a un joven culpable de la peor clase de esnobismo, que es menospreciar a los padres. Los años deberían traer aparejados cierta sabiduría.

La clase de cortesía y respeto que seguirán en esta segunda etapa no son más que el recuerdo de que sus padres han tenido un mayor recorrido que usted, y de que lo que a usted le parece estrechez de miras es en realidad un deseo sincero de permitirle disfrutar de lo mejor de la vida. De hecho, a veces es incluso un resabio de los errores que cometieron sus padres. Una de las cosas que hacemos los padres, y quizá me esté adelantando un poco, es que intentamos llevar a nuestros hijos más arriba en la escalera de lo que nosotros llegamos y, por tanto, intentamos obligarlos a evitar los errores que nosotros cometimos. Como le dijo una adolescente a su madre: "¿Qué hiciste a mi edad para que estés tan preocupada por mí?", que debe de ser una de las preguntas más devastadoras que se han hecho nunca, para la que no hay respuesta. Pero usted debe recordar que sus padres han pecado, y por eso desean ayudarlo a que usted no lo haga. Es porque han pasado por rincones por los que no deberían haber pasado, porque se arrepienten de ello y porque su vida quedó empañada para siempre, por lo que les preocupa que aprenda de ellos por el camino fácil en lugar de hacerlo por el difícil.

Así que involucra cortesía y respeto una vez alcanzada la independencia, seguir dispuesto a escuchar y considerar sus consejos, simplemente creyendo que su experiencia de la vida puede haberles hecho un poco más sabios que usted. O simplemente creyendo que su ansiedad es para ayudarlo a evitar los remordimientos que ellos tienen. Todos los padres le dirían, si son sinceros: "Me encantaría volver atrás y volver a tener tu edad. Sabiendo lo que sé ahora daría lo que fuera por volver". Pero, de hecho, nunca podremos hacerlo.

La tercera etapa es aún más tarde en la vida, cuando los papeles se invierten, y el honor se convierte en apoyar a los que una vez nos apoyaron a nosotros. Aquí hay dificultades y cuestiones profundas que resolver, y es posible que haya luchado con esta pregunta: "¿Deberían mamá o papá ir a un hogar?". Ese es el tipo de cuestión que tenemos que enfrentar, pero al menos lo enfrentamos a la luz de buscar honrarlos, sea cual sea la decisión a la que nos ha llevado el Señor, y no me corresponde a mí decirle lo que tendría que haber hecho.

Hemos recorrido toda la gama aquí, desde la sumisión en la etapa inicial, pasando por el respeto y la cortesía en la etapa intermedia, hasta el apoyo en la etapa final. Tal y como yo lo entiendo, honrar a nuestro padre y madre cambiará con las circunstancias cambiantes, pero nuestro respeto básico siempre estará ahí.

Jesucristo es el ejemplo más perfecto que conozco de las tres etapas. La primera etapa fue durante su infancia, cuando estaba sometido a María y José. Ellos no sabían que él se había dado cuenta de que era el Hijo de Dios, pero, aunque lo era, seguía sometido a un carpintero de pueblo y a su esposa. No sé si José y María se equivocaron a veces al educar a Jesús. Pero sé que estuvo sometido a ellos todo el tiempo.

No obstante, llegó un momento en que logró su independencia, y el niño judío lo conseguía a los doce años. Menciono esto porque en nuestra sociedad teníamos la idea fija de que los veintiún años era la edad adecuada. La mayoría de edad pasó a ser a los dieciocho años, pero quizá haya que rebajarla aún más. No hay nada en la Biblia sobre las edades de veintiuno y dieciocho. La edad en la Biblia era doce años, y a esa edad un niño asumía plena responsabilidad de adulto. De hecho, se convertía en socio del negocio de su padre.

Recuerdo haber estado en Jerusalén, en un servicio matutino en una gran sinagoga, y ver a un niño de doce años, con sus padres sentados detrás, rebosantes de orgullo. Allí estaba el chiquillo con su casquete puesto. Le dieron el rollo y leyó la ley: ahora era hijo de la ley. Ahora estaba obligado por su honor a cumplirla. Ya no era un menor sino un hombre. ¡El orgullo del muchacho al leer la ley delante de todos! La ceremonia del *bar mitzvah* era un gran momento.

Jesús fue llevado a Jerusalén y logró su independencia, y supuso que sus padres entenderían que había logrado su independencia porque nunca les dijo adónde iba. Eso estaba perfectamente bien. No hizo nada malo, porque ahora era un adulto.

Deberían haberlo tratado como a un adulto y haberle dicho: "¿Adónde vas? y no: "Te diremos dónde ir". Así que fue, no irreflexivamente. Ahora era un adulto, y se pusieron frenéticos. Como muchos otros padres, no habían aprendido a dejar que su hijo se convirtiera en adulto. No habían aprendido a soltar al hijo, a remover el nido y dejar que los pequeños aguiluchos volaran por sí mismos. "Hemos estado frenéticos. ¿Dónde has estado? ¡Nos has preocupado mucho!'". Ese discurso se ha pronunciado desde las once de la noche hasta las dos de la madrugada en hogares de todo el mundo. Jesús se limitó a recordarles tranquilamente que ahora era independiente. El versículo siguiente es extraordinario: "Después volvió a Nazaret y estuvo sujeto a ellos". Aunque afirmó su independencia, seguía respetándolos. Es un versículo extraordinario. El resultado: Jesús creció en sabiduría. Gozaba del favor de Dios y de los hombres. Tenía buenas relaciones con su Padre celestial y con la gente. Los que quieren rebelarse y los que quieren decir: "Voy a seguir mi propio camino tan pronto como pueda salir de aquí" no suelen ser personas que disfrutan de buenas relaciones con Dios y con los hombres.

Pasamos a la tercera etapa, cuando Jesús estaba muriendo en una cruz. Solo tiene treinta y tres años, pero al mirar hacia abajo desde la cruz ve a una madre que va a perder a un hijo. José ya ha muerto; María es viuda. Una de las últimas cosas que hizo este Hijo de Dios moribundo, en medio de toda su agonía, cuando podría haber estado totalmente preocupado por su propio dolor, fue ocuparse de su madre y hacer los arreglos necesarios para que se fuera a vivir con Juan. Si alguien honró a su padre y a su madre fue Jesús. Como en todo lo demás, fue nuestro ejemplo perfecto.

Creo que esta ley se aplica tanto a los padres como a los hijos. Si dice a los hijos: "Honra a tus padres...", sugiere algunas preguntas para los padres: ¿Son padres honorables? ¿Están dificultando que sus hijos les honren? ¿Hacen que sea fácil que los desprecien y menosprecien? Porque la otra cara de la moneda es que los padres deben ser honorables. ¿Qué significa eso en cada una de estas tres etapas? Significa, en primer lugar, que tomarán decisiones sabias y responsables para que los hijos respeten las normas establecidas. Éstas deben ser mínimas, pero la comprensión de "cómo nos comportamos en esta familia" debe basarse en decisiones honorables, no en decisiones tontas, no en decisiones arbitrarias y no en decisiones que no comprendan al hijo. Si el hijo ha de honrar en la forma de obediencia, entonces debo ser sabio en lo que exijo en la forma de obediencia.

La segunda etapa es quizá más difícil para los padres cristianos que para los demás: es aprender cuándo dejar ir a su hijo, cuándo dejarlo ser independiente. Mantendrá su respeto y cortesía dejándolos marchar en lugar de intentar retenerlos como hijos. Debe llegar un momento en que comprenda que ahora deben ser tratados como adultos.

Permítame que les cuente una pequeña historia. Recuerdo que un domingo por la tarde, en mi adolescencia, volvía a casa de la escuela dominical. Anuncié sin rodeos, enérgicamente, a la defensiva, agresivamente, a mis padres: "Ya no voy a la escuela dominical". Luego medí la distancia que me separaba de la puerta y esperé.

Recuerdo que mi madre se dio la vuelta y dijo: "De acuerdo", y luego volvió al libro que estaba leyendo, que fue psicología perfecta. Hizo estallar un globo de rebelión, así como así.

Pensé: "Eso no fue siquiera una batalla".

Luego dijo: "Hay un buen grupo los domingos por la noche, de jóvenes que probablemente te gustará. Ve ahí", que fue lo que hice. Agradezco a Dios que no tuviéramos una batalla, sino que me dijera tranquilamente: "Está bien", y me llevara por el buen camino.

Se trata de estar dispuesto a reconocer cuando su hijo está diciendo: "Estoy buscando tomar mis propias decisiones. Quiero ser adulto". A veces lo dicen demasiado pronto y son presionados para que lo hagan demasiado pronto. Pero un padre sabio sabe cuándo ha llegado el momento de decir: "Bien, toma tú las decisiones ahora", y mantener el respeto y la cortesía. Mucho mejor eso que decir: "Mira, te voy a mantener todo el tiempo que pueda, y mientras estés en esta casa te voy a mantener así".

Entonces, cuando se van, también se alejan de la familia. No vuelven para pedir consejo; no vuelven para hablar de cosas. ¡Para mí es muy fácil dar consejos! Es como el hombre que tenía seis teorías para educar a los hijos, sobre las que disertaba libremente hasta que tuvo seis hijos, y ahí se acabó la disertación.

Uno de los relatos de la Biblia que me parece el ejemplo más asombroso de sabiduría paterna es éste: Un día vino un joven a su padre y le dijo: "Dame dinero, quiero irme". El padre les repartió sus bienes. [¿Se ha fijado en eso? ¡Qué padre! No les dijo: "Mira, sé cómo vas a gastar ese dinero y nunca recibirás ni un centavo hasta que yo esté en la tumba". Ésa habría sido una reacción más típica, pero les repartió sus bienes y observó con tristeza cómo su hijo se iba con el dinero sabiendo que se quedaría sin un céntimo muy pronto; conocía a ese muchacho. Pero prefería que volviera más tarde —sin un céntimo—, pero a un lugar donde sabía que había ayuda y amor, en lugar de tenerlo encadenado al hogar].

La tercera etapa puede llegar si llega al punto de necesitar el apoyo de sus hijos y depender de ellos. Eso sí que es difícil. Tiene que tragarse el orgullo. Recuerdo que mi padre me dijo una vez, cuando era niño: "Un día me sentaré en el coche y tú me llevarás". Yo le contesté: "Oh, no, papá, para entonces estarás muerto". (Al fin y al cabo, tenía al menos cuarenta años y un pie en la tumba y el otro en una cáscara de plátano, ¡a mis ojos!).

Así que ahí están los dos lados: honrar y ser honorable. Si estos dos lados no coinciden, hay verdaderas dificultades. Permítame mencionar un problema: ¿cómo se aplica esto cuando el hijo es cristiano y el padre no? Me doy cuenta de que no hay "si" en este mandamiento. No dice: "Honra a tu padre y a tu madre si son buenos padres" o "si son honorables". Lo que dice es: "Hónralos sean como sean". No hay condiciones ni calificaciones. ¿Por qué? ¿Hay una buena razón? ¿Puedo responder preguntando en qué mitad de los mandamientos se encuentra? Un niño judío aprende los mandamientos en dos manos: No a otros dioses; no a imágenes esculpidas; honra su nombre; guarda el día de reposo; honra a tu padre y a tu madre; no mates; no cometas adulterio; no robes; no des falso testimonio; y no codicies. ¿Se ha fijado en qué mitad viene éste? La gente ha dicho: "Hay algo que está mal; sabemos que en realidad pertenece a nuestra relación con la gente, no con nuestra relación con Dios. Se pasó al otro lado. Debería estar en la segunda mitad, pero tal vez Dios pensó en seis para la gente y cuatro para él".

De hecho, hay una razón muy sólida para que esté en el primer lote. Honrar a nuestros padres es un ingrediente vital de nuestra relación con Dios. Debemos aprender primero una actitud de dependencia, amor, confianza y obediencia en nuestra relación con nuestros padres. A quienes han respetado a sus padres les resultará mucho más fácil reverenciar a Dios. Entenderán su relación mucho más fácilmente.

Digo que honre siempre a sus padres, sean como sean, porque se hace un favor a usted mismo si lo hace. Está aprendiendo la actitud que le dará más bendiciones bajo Dios. Honramos para reverenciar a Dios. Esto no significa, por supuesto, dejar de hacer lo que sabemos que es correcto por una cuestión de conciencia.

En cuanto a las funciones del padre y de la madre, juntos pueden dar al niño una imagen de justicia y misericordia combinadas. Eso enseñará al niño algo sobre la personalidad de Dios. En un club juvenil que visité, el líder me dijo antes de que hablara con los jóvenes: "Hagas lo que hagas no menciones la palabra 'padre' y no menciones la palabra 'amor'. No aquí". Por supuesto, caí en la trampa. Conseguí evitar "padre" pero mencioné la palabra "amor", y una chica de la primera fila me hizo un gesto obsceno. Me di cuenta de que era una metedura de pata.

El hecho de no poder utilizar la palabra "padre" hacía que no tuvieran una concepción de Dios a través de lo que habían aprendido antes. En la mayoría de los casos era porque el padre no era honorable. Tal vez ni siquiera sabían quién era.

Respetar a los padres puede llevarnos a reverenciar a Dios. La causa natural de la vida, en el plan de Dios, es que habiendo aprendido la relación en un hogar luego apliquemos ese mismo entendimiento de amor, confianza y respeto a nuestro Padre celestial a través de Jesucristo.

Desertar a Dios lleva a deshonrar a los padres. ¿Por qué se rompe la vida familiar? ¿Por qué muchos jóvenes se meten en tantos problemas? ¿Por qué hay a menudo una actitud de rebelión? Porque hemos dejado de lado a Dios durante muchas generaciones. Llevamos ya muchas generaciones alejados de Dios. Uno va hacia atrás en la vida familiar y encontrará en algún lugar, varias generaciones atrás, un hombre o una mujer piadosos que tuvieron una profunda influencia en esa línea familiar, pero ahora se han alejado de Dios. No es de extrañar que a los padres que han heredado normas cristianas "de segunda mano" les resulte imposible transmitirlas a sus hijos. Están intentando transmitir el fruto sin la raíz, y no se puede. Se quedan sin "capital" cristiano. Pero es emocionante que algunos miembros de una nueva generación estén reencontrando a Dios. Hay personas cuyos jóvenes los han llevado a la iglesia. Una niña se subió a las rodillas de su padre y le dijo: "Papá, ¿cuándo vas a venir a la iglesia?". Gracias a Dios que hay quienes estarán en condiciones de transmitir la fe, mostrando a sus hijos la clase de relación que puede desarrollarse en la que amar a Dios no es un deber sino un deleite, en la que el domingo es un buen día, en la que la adoración es apasionante y llena de amor.

Eso es emocionante, pero lo contrario también es cierto. En el capítulo 1 de Romanos encontramos que, cuando los hombres abandonan a Dios, él abandona a los hombres. Cuando lo hace, la desobediencia a los padres es lo que sigue, entre muchas otras cosas viles enumeradas allí, que se leen como un registro de escritorio de la policía. No hay que buscar mucho para encontrar la explicación de por qué se ha roto la vida familiar en Gran Bretaña. Antes se casaban por la iglesia. Lugo dijeron: "¿Por qué casarse por la iglesia?". Luego dijeron: "¿Por qué casarse?" Solían decir: "¿Por qué ser religiosos?" Ahora dicen: "¿Por qué ser buenos?" Eso no es coincidencia. Si perdemos a Dios, perdemos la bondad. Si perdemos a Dios, perdemos estas normas, y no podemos transmitirlas. Incluso si las ha heredado de segunda mano de sus abuelos, y vive una vida decente, se pregunta por qué sus hijos no lo hacen. La respuesta es: usted no ha podido transmitirles nada. Tiene normas de segunda mano y no tiene a Dios. Así que, padres, no piensen que pueden transmitir bondad a menos que conozcan a Dios. "Honra a tu padre y madre" está dentro del contexto del pueblo de Dios: padres y madres creyentes en Dios, que han sido redimidos por Dios y sacados por Dios de la esclavitud. En ese contexto, Dios dice a los hijos: "Honra a tu padre y a tu madre".

¿Cuál es la recompensa? En el Antiguo Testamento, Dios dijo que viviríamos una larga y buena vida en tu tierra. Esta promesa no se mantiene en el Nuevo Testamento. No hay garantía de que se quedará en su tierra y vivirá una larga vida por haber honrado a sus padres. Pero Pablo señala en Efesios que este mandamiento fue el primero con una promesa incluida, señalando por tanto que Dios tiene una bendición especial para los que lo cumplen. No hay duda de que toda familia en la que esto se cumple es bendecida.

6

NO ASESINAR

En los dos pasajes de las Escrituras que siguen, usted será el jurado y considerará la pregunta: ¿fue un asesinato? El primero es del libro de Jueces. Es el relato de una batalla entre el pueblo de Israel y las fuerzas de Sísara, aliado del rey Jabín de Jazor. Juntos atacaron a los israelitas. Barac, líder de los israelitas, solo tenía 10.000 hombres a su disposición, y estaban en la cima del monte Tabor mirando hacia el valle de Esdrelón, donde había pantanos. Solo podían luchar a pie, y contra ellos se reunieron novecientos carros de hierro, que eran el arma más moderna de aquellos días. Recuerdo haber estado una vez en el monte Tabor con un joven israelí moderno, y él me describió esta batalla y se identificó tanto con ella, que mientras hablaba casi sentí que había estado en la batalla. Dijo: "Nuestras tropas estaban aquí, y allí abajo estaba el enemigo. Nos precipitamos en esta dirección y ellos huyeron en aquella dirección hacia el monte Carmelo". La cosa estaba tan viva después de todos esos años; él estaba identificado con esta batalla. Esto es lo que sucedió:

> Así que Barac condujo a sus diez mil hombres a la batalla por las laderas del monte Tabor. Entonces el Señor sembró el pánico entre el enemigo, tanto entre los soldados como entre los cuadrigueros, y Sísara saltó de su carro y escapó a pie. Barac y sus hombres persiguieron al enemigo y a los carros hasta Jaroset Goyim, hasta que todo el ejército de Sísara fue destruido. No quedó un solo hombre con vida. Mientras tanto, Sísara había escapado a la tienda de Jael, esposa de Héber el quenita, pues existía un acuerdo de

LAS INSTRUCCIONES DEL FABRICANTE

ayuda mutua entre el rey Jabín de Jazor y el clan de Héber. Jael salió al encuentro de Sísara y le dijo: "Entra en mi tienda, señor. Estarás a salvo aquí bajo nuestra protección. No tengas miedo". Así que entró en su tienda y ella lo cubrió con una manta.

"Por favor, dame un poco de agua", le dijo, "porque tengo mucha sed". Ella le dio un poco de leche y volvió a cubrirlo. "Ponte en la puerta de la tienda", le dijo, "y si alguien pasa a buscarme dile que no hay nadie". Entonces Jael tomó una estaca afilada y un martillo y, acercándose sigilosamente a él mientras dormía, le clavó la estaca en la sien y en el suelo, y así murió, pues estaba profundamente dormido de cansancio.

Cuando Barac pasó buscando a Sísara, Jael salió a su encuentro y le dijo: "Ven y te mostraré al hombre que buscas". Entonces la siguió hasta la tienda y encontró a Sísara tendido y muerto con la estaca de la tienda atravesándole la sien. Así que ese día el Señor usó a Israel para someter al rey Jabín de Canaán, y a partir de ese momento, Israel se hizo más y más fuerte contra el rey Jabín hasta que él y todo su pueblo fueron destruidos.

Jueces 4:14bss

¿Fue un asesinato? Ahora veamos Hechos, y de nuevo nos hacemos la pregunta: ¿fue un asesinato?

Todos los creyentes tenían un solo corazón y una sola mente, y nadie sentía que lo que poseía era suyo; todos compartían. Y los apóstoles predicaban poderosos sermones sobre la resurrección del Señor Jesús y había una cálida comunión entre todos los creyentes, y no había pobreza, pues todos los que poseían tierras o casas las vendían y llevaban el dinero al apóstol para que lo diera a otros necesitados. Por ejemplo, estaba José, al que los apóstoles llamaban

No asesinar

Bernabé. Era de la tribu de Leví, de la isla de Chipre, y fue uno de los que vendió un campo de su propiedad y llevó el dinero a los apóstoles para que lo distribuyeran entre los necesitados. Pero había un hombre llamado Ananías, con su esposa Safira, que vendió una propiedad y trajo solo una parte del dinero, alegando que era el precio total. Su mujer había estado de acuerdo con este engaño. Pero Pedro le dijo: "Ananías, Satanás ha llenado tu corazón. Cuando dijiste que era el precio total, estabas mintiendo al Espíritu Santo. La propiedad era tuya para venderla o no, como quisieras; y después de venderla, podías decidir cuánto dar. ¿Cómo pudiste hacer algo así? No estabas mintiendo a nosotros, sino a Dios". En cuanto Ananías oyó estas palabras, cayó muerto al suelo. Todos estaban aterrorizados y los hombres más jóvenes lo cubrieron con una sábana, lo sacaron y lo enterraron.

Unas tres horas después, entró su mujer, sin saber lo que había pasado. Pedro le preguntó: "¿Vendieron sus tierras por tal o cual precio?".

"Sí", contestó. "Fue así".

"Pedro le dijo: "¿Cómo se les ocurre a ti y a tu esposo hacer algo así: conspirar juntos para poner a prueba la capacidad del Espíritu de Dios de saber lo que pasa? Justo detrás de esa puerta están los jóvenes que enterraron a tu marido, y te sacarán a ti también".

Al instante ella cayó al suelo muerta. Los jóvenes entraron y, al verla muerta, la sacaron y la enterraron junto a su marido. El terror se apoderó de toda la iglesia y de todos los que se enteraron de lo sucedido.

Hechos 4:32ss

El sexto mandamiento es el primero del segundo grupo, que se refiere a las relaciones entre personas, ya que el primer grupo de mandamientos se refería a la relación entre el hombre y Dios.

LAS INSTRUCCIONES DEL FABRICANTE

Lo primero y más importante que debemos recordar en nuestras relaciones mutuas es esto: el respeto a la santidad de la vida humana. Todos los demás mandamientos de la segunda tabla de la ley se derivan de éste.

Cuando empezamos a intentar comprenderlo y aplicarlo, nos encontramos con dificultades muy profundas. El doctor Albert Schweitzer llevó este mandamiento a un campo muy amplio. Un día, remando río arriba cerca de Lambaréné, su estación misionera en África, pensando en la vida, tratando de descubrir su sentido, le vino a la mente una frase, "reverencia por la vida". Más tarde construyó toda su filosofía y conducta sobre esta frase.

Lo llevó a tal extremo que se resistía a matar a las alimañas o a los insectos que rodeaban el hospital de Lambaréné, lo que causó considerables vergüenzas y dificultades al resto del personal. Creía que "No matarás" se aplicaba a toda forma de vida, y que solo si reverenciábamos toda la vida podríamos cumplir realmente la intención de Dios para nosotros, una visión extrañamente parecida al pensamiento budista. Es un punto de vista que está surgiendo en el tipo de cosas que yo vi una vez de visita en la Universidad de Sussex y fui confrontado por un grupo de estudiantes con una petición para salvar la vida de un árbol que iba a ser talado para construir la nueva biblioteca. Se basaban en este principio: es un ser vivo, así que debemos venerar la vida y no debemos destruirla.

Pero no creo que este mandamiento se refiera a la vida de las plantas y los animales. Si cortamos unas flores, prácticamente las matamos: unos días y ya no están. En ese caso, sin duda hemos acelerado su fin. ¡Llamémoslo eutanasia hortícola! Tampoco creo que los animales estén implicados en esto, por muchas razones. Es muy obvio en el Antiguo Testamento que Dios no promueve el vegetarianismo. También es obvio en el Nuevo Testamento que nuestro Señor estuvo dispuesto a sacrificar cientos de cerdos para salvar la cordura de un hombre, así que no creo que la vida animal o vegetal esté implicada aquí.

No asesinar

Pero ¿qué hay de la cuestión de la reverencia por la vida humana? Hay tres ámbitos de debate. El asesinato tiene lugar cuando una persona decide matar a otra. Es interesante que el mandamiento comience con una palabra singular y no plural. No se dirige a sociedades o grupos; dice "tú", ya que un individuo no debe matar a otro individuo, por lo que la aplicación primaria es claramente en el ámbito de una matanza personal.

Un ámbito en el que los cristianos sinceros no están todos de acuerdo, aunque hay una opinión mayoritaria, es lo que yo llamo "matanza social", en el que un grupo de personas asume la responsabilidad de quitar la vida a un ser humano. Una cuestión es la pena capital, en la que el gobierno asume esa responsabilidad, sea quien sea el que la lleve a cabo. Otra es la cuestión ampliamente debatida de la guerra, y si ésta es alguna vez un medio válido de resolver un problema.

Luego está la matanza médica. Las dos cuestiones que han saltado a la palestra son el aborto y la eutanasia. Existe la retirada del tratamiento médico para que una persona muera por causas naturales, pero en los últimos años ha aparecido, en algunos países, la matanza deliberada, la "eutanasia voluntaria", que no consiste en el alivio del dolor, sino en el final deliberado y planificado de vidas mediante la matanza en una "clínica".

Predije hace muchos años que la eutanasia estaría con nosotros en este país en no muchos años. Es un tema candente en Europa, y puede que usted se encuentre discutiendo con su médico qué hacer con su querida mamá.

Hay tres enfoques posibles para este tipo de discusión. Uno, lo voy a llamar el enfoque *sentimental*, que simplemente pregunta: "¿Cómo me siento al respecto?". Este es el enfoque que, por desgracia, adopta mucha gente, y nos lleva a conclusiones muy extrañas. Por ejemplo, me han preguntado: "¿Te imaginas a Jesús apretando un botón y soltando una bomba?". Mi respuesta es: esa es una pregunta que apela a mis sentimientos, mientras que, si soy mentalmente honesto y afronto los hechos, así es exactamente como el Nuevo Testamento presenta a Jesús. Leemos los primeros capítulos del libro del Apocalipsis, y todo el cielo está diciendo: "¿Quién es digno de abrir el rollo y liberar lo que hay en él?" Y se nos dice que Jesús es el que da un paso adelante y libera sobre la tierra plagas y tragedias como la historia nunca ha visto. Así que mientras mis sentimientos pueden decir: "No puedo imaginar a Jesús haciendo esto", la Biblia dice que lo hará. Así que ya ve cómo podría ser una apelación a los sentimientos: "¿Cómo te sentirías si tuvieras que pulsar el botón de una silla eléctrica?". Me sentiría terriblemente mal, pero esa no es la respuesta a la pregunta. Así que el enfoque sentimental que dice: "Mis sentimientos deben guiarme, o mis sentimientos sobre los demás deben guiarme" es, en mi opinión, el enfoque equivocado.

La segunda vía es lo que voy a llamar el enfoque *social*. Me refiero a adoptar en el color de nuestro pensamiento el estado de ánimo de la época en que vivimos. Hemos vivido para ver cómo se deterioraba progresivamente la santidad de la vida humana. Hemos visto cómo la vida se ha abaratado: no es casualidad que, tras la abolición de la pena capital, hayamos asistido a la generalización del aborto y al aumento de la violencia. Cada una de esas cosas, aunque suenen contradictorias cuando las menciono por primera vez, se debe a una disminución de la santidad de la vida humana. Sé que la abolición de la pena capital se hizo en nombre de la preservación de la vida humana, pero creo sinceramente que ha tenido precisamente el efecto contrario, y que estamos aprendiendo por las malas que se ha cometido un error.

Independientemente de esta cuestión, el valor general que se adjudica a la vida humana está disminuyendo. Una de las razones es que los medios de comunicación transmiten constantemente el mensaje de que la vida humana es barata. Se ven cadáveres tirados por ahí, se ve a gente volar por los aires, y seguimos comiendo mientras lo observamos. Esto está teniendo un efecto muy sutil y peligroso en nuestra forma de pensar. Ahora se puede ver la violencia sin el horror que antes se sentía. Vivimos en una época

No asesinar

en la que se considera buen entretenimiento atentar violentamente contra la vida humana, y la gente paga para verlo.

Ahora bien, en esta atmósfera y con la disminución de la santidad de la vida humana, todo vale. Predigo que pronto habrá quienes no se sientan peor matando a la abuelita que matando a su perro favorito. A eso nos dirigimos. Es solo cuestión de tiempo que la gente trate a los demás como animales. Supongo que, si alguna vez han sacrificado a un perro, lo habrán sentido profundamente, se habrán sentido muy tristes y habrán vuelto a casa con la sensación de que era lo mejor para el viejo y querido Bonzo.

La sociedad se está alejando rápidamente de la forma de pensar de Dios. Por lo tanto, hablar de la pena capital o de la eutanasia atraerá rápidamente la acusación de que uno es anticuado, siguiendo este terrible engaño de que la última visión es la mejor, y que a medida que se avanza en la historia de la sociedad uno se vuelve más ilustrado, más moderno, más amplio de miras, y que si uno se aferra a las viejas ideas está realmente desfasado.

Hay un tercer enfoque, el enfoque bíblico, que dice *¿qué siente Dios?* Yo enfoco estas cuestiones desde ese punto de vista. No pretendo conocer la opinión de Dios sobre algunas cuestiones. La Biblia no menciona el aborto ni la eutanasia. Así que tenemos que tantear la opinión de Dios sobre esas cuestiones, pero sí habla de la guerra, la pena capital y el asesinato.

Vayamos entonces a la cuestión más obvia del asesinato: cuando una persona quita la vida a otra de forma deliberada, consciente, maliciosa e intencionada. Dios piensa de manera diferente sobre el homicidio involuntario y el asesinato. La Biblia es muy clara al respecto. Por eso Dios, en su misericordia, proporcionó seis ciudades de refugio en Israel, donde un hombre que había matado *accidentalmente* a otro sin premeditación podía huir para refugiarse y recibir un juicio justo.

Lo que estamos considerando ahora es *matar con alevosía y premeditación*. No necesariamente con mucha premeditación, porque los asesinatos son de dos categorías: los de "sangre fría" y los de "sangre caliente". El primero probablemente se piensa mucho antes, el segundo se piensa rápidamente, pero los dos se piensan de antemano y se ataca a una persona con la intención de quitarle la vida. Ambos son asesinatos, y el homicidio involuntario es una cosa diferente.

Hay dos cosas interesantes en la Biblia sobre el asesinato: por qué está mal y cómo debe castigarse. ¿Por qué está mal? El punto de vista humanista es que el asesinato está mal porque es un robo. Es el robo supremo. Es quitarle a una persona su posesión más preciada. Una cosa es robarle a alguien dinero o bienes, pero quitarle una vida es el acto supremo de robo, y nunca se la puede devolver.

Ahora bien, supongamos que alguien le hubiera preguntado (aunque probablemente no es una pregunta que se le ocurriría): *¿por qué* está mal asesinar a alguien? La Biblia nunca menciona el robo de una vida. Nunca sugiere que la razón por la que está mal es porque le está quitando la vida a una persona. Nunca menciona que está mal porque le está robando a alguien su posesión más preciada. Nunca dice que está mal porque no se puede deshacer. Dice que está mal *porque es un sacrilegio*. ¿Qué es un sacrilegio? Es levantar la mano contra algo sagrado. Es grave robarle a una persona la vida y aquello que es su posesión más preciada y algo que nunca podrá devolverle, pero lo grave del asesinato es que está haciendo algo contra la imagen de Dios. No es que sea a un ser humano a quien se hace esto, es que es a la imagen de Dios a quien se hace, y por eso desde las primeras páginas de la Biblia se afirma que un hombre que derrama la sangre de otro hombre está levantando su mano contra Dios, porque ese hombre es a imagen de Dios. Un animal no es imagen de Dios. Una flor no es imagen de Dios, por hermosa que sea, pero cada persona que ve está hecha a imagen de Dios. La imagen puede estar desfigurada, deformada, estropeada y manchada, pero sigue ahí y puede ser restaurada por la gracia. Al tocar eso, está tocando la imagen de

No asesinar

Dios. Eso es totalmente diferente de los argumentos humanistas. La segunda cosa inusual de la enseñanza de la Biblia es cómo debe castigarse el asesinato. Nos remontamos más allá de los Diez Mandamientos, hasta Abraham, más allá de Abraham, hasta Noé, y encontramos esta simple declaración: "Quien derrame sangre de hombre, por hombre será derramada su sangre". Ahí está, y es Dios quien habla, no Noé. Habiendo destruido él mismo toda una sociedad, Dios está en efecto diciendo: "Noé, después de eso, la única manera de que los seres humanos mantengan intacta la santidad de la vida es que el asesino pierda su vida.

Aquellos que piensan que matar a un asesino está mal porque es simplemente "añadir un pecado a otro" y "dos males no hacen un bien" nunca han estudiado Éxodo 20, que dice: "No matarás". Éxodo 21, donde Dios sigue hablando a Moisés en la misma ocasión dice: "Si un hombre ataca deliberadamente a otro, con intención de matarlo, entonces arrástralo incluso de mi altar y mátalo". Nada más claro.

Este es el punto, creo yo, del que pende toda esta discusión. Si alguna vez concede que la pena capital era la voluntad de Dios, entonces ha concedido que la justicia es incluso más importante que la vida humana. Si concede eso, entonces tiene la respuesta a todas las preguntas que he planteado bajo la forma de matanza social. Si la vida humana es el valor más alto en la escala, y la justicia ocupa el segundo lugar, entonces por supuesto que no mataría a un asesino, pero si la justicia está por encima incluso del valor de una vida humana, entonces sí lo haría. Le digo que la justicia está por encima de la vida humana, porque Dios es justo. Este es el principio sobre el que Dios ha trabajado desde el principio, y lo mantendrá hasta el final.

¿Ve que nadie moriría jamás a menos que Dios hubiera pronunciado la sentencia de muerte sobre esa persona? La muerte no es un evento normal, biológico, científico. Los científicos le dirán que no hay razón alguna dentro de su cuerpo por la que deba morir. Sin embargo, en este momento usted se está muriendo. Las

LAS INSTRUCCIONES DEL FABRICANTE

células de su cuerpo están muriendo y su cuerpo está —mediante la comida, el aire fresco y el descanso— reemplazando esas células moribundas por células nuevas, y puede seguir haciéndolo cómodamente. Estoy empezando a perder la batalla. ¡Mis dientes y mi pelo me lo dicen! No hay ninguna razón biológica o científicamente descubierta por la que debamos perder esta batalla, siempre que sigamos alimentándonos, tomando aire fresco y haciendo ejercicio. ¿Por qué no podemos seguir sustituyendo? En nuestra constitución biológica hay un reloj que empieza a correr, y según la Biblia ese reloj no está ahí de forma natural. Dios lo puso ahí, y fue una sentencia de muerte por el pecado. La muerte es un evento no natural, y sabemos que está en nuestros corazones. Esa primera muerte hasta la última es la sentencia de Dios sobre el pecado, y ha sido así todo el tiempo. Para Dios, la justicia es incluso más importante que la vida humana, porque él es justo.

Las autoridades romanas tenían el símbolo de la espada que se utilizaba para defender el imperio y decapitar a los criminales. Ese símbolo se describe en el Nuevo Testamento como el símbolo de un ministerio de Dios para frenar y castigar a los malhechores. Puede decirme que la pena capital no reforma al criminal, y estoy de acuerdo. Puede decirme que no disuade a otros asesinos, y estoy de acuerdo. Pero no se trata de eso en ambos casos. El punto es la santidad de la vida, de la imagen divina en el hombre, que ha sido atacada, y la justicia es más importante que eso.

Si eso se concede entonces todas las otras cosas siguen. Los cristianos nunca han creído que toda guerra sea justa. Tampoco la mayoría de los cristianos han creído que todas las guerras estuvieran mal. El camino intermedio más difícil ha sido siempre el que tuvo que seguir el pueblo de Dios en el Antiguo Testamento. Dios dejó claro que, en algunas situaciones, si se quería hacer justicia, había que hacer la guerra. En otras ocasiones se precipitaron a la guerra y Dios les dijo que ese no era un ataque justo, y que no la ganarían y que sufrirían. Dios no les dijo que

No asesinar

toda guerra es justa o que toda guerra es mala. Dios les dijo que la justicia siempre es justa y que a veces puede ser necesario utilizar la última sanción de la fuerza física para mantener el principio de la justicia, y eso es lo que hizo Dios a lo largo de toda la Biblia.

Por eso, cuando Pablo estaba en el banquillo de los acusados en un tribunal por una acusación falsa que (si no hubiera sido falsa) habría merecido la pena de muerte, dijo en el banquillo: "Me rehúso a no morir si soy culpable". ¡Toda una declaración del principal teólogo y pensador cristiano del siglo I! Ahora se plantea una pregunta intrigante: si es necesario que la sociedad humana recurra a la última sanción, ¿deben utilizarla los cristianos? ¿No deberían dejársela a los no creyentes? Francamente, creo que esa es una salida cobarde, para la que no hay justificación alguna en las Escrituras. El cristiano es ciudadano de dos reinos, el terrenal y el celestial, y la Biblia enseña que tiene responsabilidades en ambos. No podemos renunciar a nuestras responsabilidades terrenales porque ahora pertenecemos al cielo. Es cierto que nunca debemos usar la fuerza física al servicio del reino celestial. Jesús le dijo a Pilato: "Mi reino no es de este mundo, si no, mis siervos pelearían".

El problema es que seguimos perteneciendo a ambos mundos, y tenemos que dar al César lo que es del César y dar a Dios lo que es de Dios. Lo fácil es alistarse en el ejército y luchar en cualquier guerra que nos manden. Lo más difícil es ser objetor de conciencia y no alistarse en el ejército en absoluto, o solo en el cuerpo médico, o servir en la granja, o, como en la Primera Guerra Mundial, ir a la cárcel por sus convicciones. El camino más difícil de todos es estar dispuesto a luchar cuando la justicia lo respalda, y estar dispuesto a no hacerlo en el caso contrario.

Me llamaron como capellán de la RAF en una situación que surgió sobre Suez. Estaba en Oriente Próximo durante la crisis de Suez. Como capellán lo tenía fácil, porque era un no combatiente. Nunca me llamarían para luchar y, de hecho, era ilegal que disparara un arma, así que supongo que, si el enemigo nos alcanzaba, yo sería el primer prisionero. Así que no estaba involucrado. Los capellanes de las fuerzas no están comprometidos con la política de las fuerzas. Solo están allí para ayudar a los hombres que de otra manera no podrían recibir el evangelio. Pero los hombres estaban comprometidos, y en la época de Suez un hombre se negó a despegar en un bombardero Canberra para ir a bombardear Suez, porque dijo: "Esta no es una situación justa". Eso tuvo repercusiones en todas nuestras tropas, y yo asesoraba a los hombres sobre esta cuestión. Muchas guerras presentan este tipo de problemas.

Pasamos al mundo de la medicina, y de lo que yo llamaría "matanza justa", que me parece que tiene una considerable justificación bíblica, a la llamada "matanza piadosa". Tenemos que enfrentarnos a toda la cuestión de frente, y solo puedo decirles que, según mi interpretación de la Biblia, no veo que tengamos derecho a acortar la existencia de una persona. Sé que hemos descubierto medios médicos para mantenerlas con vida más tiempo, pero me asusta el efecto a largo plazo de la eutanasia generalizada. En primer lugar, piense en el efecto sobre las propias personas: ¿no hemos llegado la mayoría de nosotros a puntos donde queríamos irnos, si somos sinceros? Ha habido momentos en los que la vida ha sido demasiado para nosotros y, sin embargo, de alguna manera hemos salido adelante y estamos agradecidos de que ni nosotros ni nadie nos obligara a tomar esa decisión, y nos damos cuenta de que Dios tenía más cosas que hacer por nosotros. Todos hemos estado deprimidos, unos más que otros.

También tiemblo por el efecto en los familiares. El tipo de situación que se suele mencionar es cuando un pariente rico es mayor y quiere irse, y ese dinero no llegará a la familia hasta que lo haga. Existe una presión que me hace temblar. Pero lo que más me estremece es el efecto general sobre la sociedad en su conjunto, y que, aunque solo consideremos el caso individual, se pueda argumentar emocionalmente a favor de ayudarlos. Sin embargo, el efecto a largo plazo sobre la sociedad en general

No asesinar

será reducir de tal manera el valor de la vida humana que otras cosas más terribles vendrán detrás. Esta es mi opinión. No tengo ninguna palabra de la Biblia para ello.

En conclusión, quiero decirles que este mandamiento se refiere a algo que creo que se aplica a casi todos nosotros. Les voy a decir lo que Jesús dijo que significaba este mandamiento. Él enseñó que hay más de una manera de asesinar a alguien: se puede asesinar de *sentimiento*; se puede asesinar de *pensamiento*, y se puede asesinar de *palabra*, y son tan graves como asesinar en acción. Los tres casos que mencionó fueron *ira, arrogancia* e *insulto*. Jesús dijo: "Si alguna vez te has enojado con alguien sin una causa justa, eres un asesino". Lo es, y está en peligro del fuego del infierno si alguna vez se ha enojado con alguien sin una causa, una buena razón. ¿A cuántos de nosotros convierte eso en asesinos? La *ira* es asesinato en emoción. Ha deseado la muerte de alguien, y si su ira no se manifestó en los hechos, el hecho de que estuviera ahí significa que dentro de su corazón está todo el potencial de un asesino.

La segunda forma es asesinar a alguien en pensamiento por *arrogancia*. ¿Sabe que Jesús enseñó que el esnobismo es asesinato? Despreciar a alguien es destruirlo. Despreciar a alguien porque uno tiene más cualidades financieras, sociales o intelectuales es asesinato. Tratarlo como si estuviera por debajo de usted. ¿Por qué es asesinato? Porque ha olvidado que están hechos a imagen de Dios. Ese hombre en la cuneta con sus harapos está hecho a imagen de Dios y, si lo , lo asesina. Eso es lo que Jesús enseñó.

La última forma que dijo es *insulto*. ¿Alguna vez ha llamado a alguien imbécil? ¿Alguna vez ha llamado tonto a alguien y has querido decir con ello: "Estás más allá de la redención, estás más allá de los límites, no hay esperanza para ti"? Si ha hecho eso, la ha asesinado. ¿Se da cuenta de que, si alguna vez piensa, y mucho menos dice, de una sola alma: "Está más allá de la redención", la ha asesinado, porque prácticamente ha destruido la imagen de

LAS INSTRUCCIONES DEL FABRICANTE

Dios en ella y ha dicho: "Ya no puedes restaurarla"? Ha tomado a una persona, por muy bajo que se haya hundido, y ha tomado una imagen de Dios que hay dentro de ella —una imagen que necesita ser restaurada y que podría ser restaurada— y la ha destrozado, y no intentará restaurarla.

Ahora, francamente, cuando Jesús dice eso, este predicador es un asesino. Al igual que la mayoría de las personas. Somos asesinos descubiertos, no con armas en nuestras manos, sino con armas en nuestras cabezas y en nuestros corazones, e incluso en nuestras lenguas. Si las miradas pueden matar, hemos matado. Jesús murió en una cruz, pagando la pena suprema de la ley, una pena capital que aceptó. Un criminal moribundo a su lado dijo: "Recibimos la debida recompensa de nuestras obras".

Jesús no dijo: "No, estás equivocado, he venido a abolir la pena capital. ¡Es una forma bárbara de enfrentar el problema!". Jesús dijo: "Hoy estarás conmigo..." dando a entender: "Has aceptado la justicia, ahora te doy misericordia". Jesús pagó la pena suprema para que los asesinos pudiéramos salir libres. Un día después había un asesino paseando por las calles de Jerusalén libre. Se llamaba Barrabás. Yo solo estoy vivo hoy, y usted solo está vivo hoy y disfrutando de este mundo, porque somos como Barrabás. Podemos señalar a Jesús en la cruz y decir no solo: "Si no fuera por la gracia de Dios, estaría yo", sino: "Por la gracia de Dios, estuvo él".

Santiago dice en su carta: "Puede que hayas guardado todos los mandamientos y, sin embargo, solo hayas quebrantado éste: 'No matará'. Al hacerlo, los has quebrantado todos". Es curioso que haya elegido éste. Podríamos pensar que alguien que ha cumplido todos los demás podría cumplir éste, que es el menos difícil de cumplir, pero ahora sabemos que no es así. Ahora sabemos que no siempre hemos defendido la santidad de la vida como deberíamos, y que hemos matado a personas de pensamiento, palabra y sentimiento, aunque nunca lo hayamos hecho en acción.

7

NO COMETER ADULTERIO

He aquí una historia muy triste y sórdida sobre el mejor rey que tuvo Israel.

En la primavera del año siguiente, en la época en que comienzan las guerras, David envió a Joab y al ejército israelita a destruir a los amonitas. Empezaron por sitiar la ciudad de Rabá, pero David se quedó en Jerusalén. Una noche, no podía conciliar el sueño y salió a pasear por la azotea de su palacio. Al contemplar la ciudad, se fijó en una mujer de inusual belleza que se bañaba. Envió a buscarla y le dijeron que era Betsabé, hija de Eliam y esposa de Urías. David la mandó llamar y, cuando llegó, se acostó con ella. Ella acababa de cumplir los ritos de purificación después de la menstruación. Luego regresó a su casa, y cuando supo que él la había dejado embarazada envió un mensaje para informarle. Entonces David despachó un memo a Joab: "Envíame a Urías el hitita".

Cuando llegó, David le preguntó cómo les iba a Joab y al ejército y cómo prosperaba la guerra. Luego lo mandó a su casa a descansar, y le envió un regalo a su casa, pero Urías no fue allí. Aquella noche se quedó en la puerta del palacio con los demás sirvientes del rey. Cuando David se enteró de lo que había hecho Urías, lo llamó y le preguntó: "¿Qué te pasa? ¿Por qué no fuiste anoche a casa con tu mujer después de haber estado fuera tanto tiempo?".

Urías respondió: "El arca, y los ejércitos, el general y sus oficiales están acampados en campo abierto, ¿y debo

LAS INSTRUCCIONES DEL FABRICANTE

ir yo a casa a beber vino, cenar y dormir con mi mujer? Juro que nunca seré culpable de actuar así".

"Pues quédate aquí esta noche, y mañana podrás volver al ejército". Así que Urías se quedó en los alrededores del palacio y David lo invitó a cenar y lo emborrachó, pero aun así no se fue a casa esa noche, sino que volvió a dormir a la entrada del palacio. Finalmente, a la mañana siguiente David escribió una carta a Joab y se la dio a Urías para que la entregara. La carta instruía a Joab a poner a Urías al frente de la parte más ardua de la batalla y luego retirarse y dejarlo allí para que muriera. Así que Joab asignó a Urías a un lugar cercano a la ciudad sitiada, donde sabía que estaban luchando los mejores hombres del enemigo, y Urías murió junto con varios otros soldados israelitas.

Cuando Joab envió un informe a David de cómo iba la batalla, le dijo a su mensajero: "Si el rey se enfada y pregunta: '¿Por qué las tropas se acercaron tanto a la ciudad? ¿No sabían que les dispararían desde las murallas? ¿No fue Abimelec asesinado en Tebez por una mujer que arrojó sobre él una piedra de molino?', dile: 'También fue muerto Urías'".

Así que el mensajero llegó a Jerusalén y le dio el informe a David: "El enemigo salió contra nosotros", dijo, "y mientras los perseguíamos de vuelta a las puertas de la ciudad, los hombres de la muralla nos atacaron y algunos de nuestros hombres murieron, y Urías el hitita también ha muerto".

"Bueno, dile a Joab que no se desanime", dijo David. "La espada lo mismo mata a uno que a otro. Luchen con más fuerza la próxima vez y conquisten la ciudad. Dile que está haciendo un buen trabajo".

Cuando Betsabé se enteró de que su marido había muerto, lo lloró, y luego, cuando terminó el período de luto, David mandó a buscarla y la llevó a palacio. Se convirtió en una

No cometer adulterio

de sus esposas y dio a luz a su hijo, pero el Señor estaba muy disgustado con lo que David había hecho. Así que el Señor envió al profeta Natán para que le contara a David esta historia: "Había dos hombres en cierta ciudad, uno muy rico que poseía muchos rebaños de ovejas y manadas de cabras, y el otro muy pobre que no poseía nada más que un corderito que había conseguido comprar. Era la mascota de sus hijos. Le daba de comer de su propio plato y lo dejaba beber de su propio vaso. Lo abrazaba como a una hija bebé. Hace poco llegó un huésped a casa del rico, pero en vez de matar un cordero de sus propios rebaños para alimentar al viajero, tomó el cordero del pobre, lo asó y se lo sirvió".

David estaba furioso. "Lo juro por el Dios vivo que cualquier hombre que haga una cosa así debe ser condenado a muerte.

Entonces Natán dijo a David: "Tú eres ese hombre rico. El Señor, Dios de Israel, dice: 'Yo te hice rey de Israel y te salvé del poder de Saúl. Te di su palacio, y sus mujeres, y los reinos de Israel y de Judá, y si eso no hubiera sido suficiente te habría dado mucho, mucho más. ¿Por qué, pues, has despreciado las leyes de Dios y has hecho esta acción espantosa? Porque has asesinado a Urías y le has robado a su mujer. Por lo tanto, el asesinato será una amenaza constante en tu familia de ahora en adelante, porque me has insultado al tomar la esposa de Urías. Juro que por lo que has hecho haré que tu propia familia se rebele contra ti. Entregaré tus esposas a otro hombre y él se acostará con ellas a la vista de todos".

"He pecado contra el Señor", confesó David a Natán. Natán le respondió: "Sí, pero el Señor te ha perdonado y no morirás por este pecado. Pero has dado una gran oportunidad a los enemigos del Señor para que lo desprecien y blasfemen contra él, así que tu hijo morirá".

2 Samuel 11

LAS INSTRUCCIONES DEL FABRICANTE

Durante la Segunda Guerra Mundial, cuando los ejércitos rusos avanzaban para enfrentarse a los estadounidenses y los británicos, detuvieron a la Sra. Bergmeier, que había salido a buscar comida para sus hijos y para ella misma. Sin poder avisar a los niños, se la llevaron a un campo de prisioneros en Ucrania. Mientras tanto, su marido fue capturado y acabó en un campo de prisioneros en Gales. Finalmente, el marido fue liberado. Regresó a Alemania y, tras semanas de búsqueda, encontró a los niños, los dos más pequeños en un centro de detención ruso y el mayor escondido en un sótano. No tenían ni idea de dónde estaba su madre. Nunca dejaron de buscarla. Sabían que solo su regreso podría volver a unir a aquella familia después de todo lo que les había ocurrido.

Mientras tanto, lejos de allí, en Ucrania, un amable comandante de campo le dijo a la Sra. Bergmeier que su familia estaba reunida de nuevo y que intentaban encontrarla, pero no podían liberarla, pues la liberación solo se concedía por dos motivos. En primer lugar, se liberaba a un prisionero si padecía una enfermedad a la que el campo no podía hacer frente, y en ese caso era trasladado a un hospital ruso. En segundo lugar, se liberaba a una mujer si quedaba embarazada. En ese caso, las mujeres eran devueltas a Alemania como un lastre y no servían para trabajar. La Sra. Bergemeir lo pensó y finalmente decidió pedirle a un amable y vulgar guardia alemán del campo que la dejara embarazada. Así lo hizo. Su estado fue comprobado médicamente; la enviaron de vuelta a Alemania y fue recibida con los brazos abiertos por su familia. Les contó lo que había hecho y ellos lo aprobaron. A su debido tiempo nació el niño. Lo llamaron Dietrich, y lo querían sobre todo porque sentían que había hecho más por ellos que ninguno de los demás. Para el guardia alemán no tenían más que un recuerdo agradecido y afectuoso.

Menuda historia, ¿verdad? La menciono porque quiero mostrar que no importa cuáles sean los mandamientos, si deja que su corazón gobierne su cabeza siempre puede encontrar circunstancias en las que puede justificar que haya quebrantado

No cometer adulterio

el mandamiento. Pero el simple hecho es que, a pesar de todo el beneficio de toda esa experiencia y decisión, ella rompió el séptimo mandamiento deliberadamente, a sabiendas. Hay muchas circunstancias menores hoy en día en las que la gente justifica la misma acción. Más a menudo se justifica por motivos de amor. Hemos llegado a un punto en nuestra sociedad en el que la gente dice: "Es mejor que dos personas que no están casadas vivan juntas si se aman, a que dos personas que están casadas sigan viviendo juntas después de haber dejado de amarse".

Vivimos en un clima de opinión en el que el adulterio no se considera nada terriblemente malo siempre que no haga daño a nadie y siempre que haya verdadero amor detrás. Este es el tipo de clima en el que apareció por primera vez el cristianismo en el imperio griego y romano. Me atrevería a decir que, si el duque de Windsor se hubiera enamorado hoy de la señora Wallis, el país le habría permitido seguir en el trono. Ciertamente, no se levanta ninguna ceja cuando personas prominentes de nuestra sociedad inician una relación con otras.

¿Por qué estableció Dios este principio de no adulterar? ¿Es otro ejemplo, como dirían los mundanos, de que Dios es estrecho de miras, un aguafiestas? ¿No puede sentir que tal vez no ama su pareja casada, y que ama profundamente a otra persona? ¿No comprende Dios, puesto que nos hizo, lo que el amor humano nos lleva a hacer? ¿Qué hay de malo en el adulterio? Puede parecer una pregunta extraña para los cristianos, porque en estas cuestiones la opinión de la iglesia suele ir muy por detrás de la opinión mundial, aunque se está poniendo al día rápidamente. Tenemos que analizar todo este asunto con objetividad y honestidad. Puede que descubramos que esta ley tiene algo que decirnos a la mayoría de nosotros.

Quiero hablar de cinco razones por las que Dios estableció esta ley básica, factores que tenía en mente cuando dijo: "No lo hagas". Quiero considerar el significado del sexo, el significado del matrimonio, el nivel de amor, el peligro del divorcio y la salvaguardia de la sociedad. Aquí hay cinco cosas, que creo por la Biblia que estaban en la mente de Dios cuando dijo esto. En primer lugar, *el significado del sexo*. Cada uno de nosotros lo tiene y se da cuenta de que está ligado a la vida total: es uno de los impulsos más poderosos de nuestra constitución, y está ahí. Ahora bien, ¿qué es exactamente? El humanista quiere hacernos creer que no es diferente de cualquier otro apetito físico, un deseo de nuestro cuerpo que debe ser satisfecho. Es del mismo orden que el deseo de comer y beber. El humanista considera que somos básicamente animales y que el sexo es un vestigio de nuestra historia evolutiva animal. Por eso se piensa que, al tratarse simplemente de un deseo físico, debe satisfacerse a toda costa y de cualquier manera. No hay diferencia moral entre preferir la comida y el pudín de Yorkshire de la mujer de al lado a preferir sus atracciones. Esta es una visión básica de un simple apetito físico. Pero cuando leo la Biblia encuentro que se dicen dos cosas más sobre esto.

En primer lugar, que el sexo no es solo una cosa física sino algo psíquico. Quiero decir con esto que un acto físico de sexo no puede ser tratado como la misma cosa que comer el pudín de Yorkshire de otra persona por la sencilla razón de que el pudín de Yorkshire no implica toda nuestra personalidad, mientras que el sexo sí. Al entregarse físicamente de esta manera, se está entregando "psíquicamente" y nunca podrá volver a ser el mismo. Se ha entregado a alguien, no solo físicamente, sino también psicológica y emocionalmente. Está implicado, no solo su estómago, sino usted como persona. No puedes separar este apetito de todo su ser. Esa es la interpretación bíblica.

Además, la Biblia indica que no se trata solo de algo físico y psicológico, sino una parte espiritual de nosotros. Puede que esto sea nuevo para usted. Pero permítame empezar en Génesis 1, donde Dios dice: "Hagamos al hombre a nuestra imagen. Hizo, pues, al hombre a su imagen; varón y hembra los hizo". Equivale a decir que el hecho de que seamos seres sexuales refleja de alguna manera cosas espirituales. Por eso en el corazón de la Biblia hay un canto de amor que avergüenza a muchos cristianos por su poesía erótica. Se llama Cantares. Lo espiritualizamos para evadir el simple hecho de que en medio de la Biblia hay un canto de amor erótico, pero está ahí porque de hecho corresponde a algo profundamente espiritual. A lo largo de los años, los cristianos han encontrado en esa canción de amor las mismas expresiones que querían utilizar sobre su relación con el Señor. Pablo retoma el mismo tema en Efesios 5, donde dice que el matrimonio es una imagen de la relación entre Cristo y la iglesia. Así que el sexo no es solo un apetito físico; implica a toda la persona, y es algo espiritual. Por tanto, llegamos a nuestro primer principio básico: cada vez que intentamos tratarlo como algo físico aislado —simplemente como un apetito—, le robamos su contexto, y tarde o temprano lo echaremos a perder.

Lo segundo que quiero considerar es *el significado del matrimonio*. ¿Qué ocurre exactamente cuando dos personas se casan? ¿Es simplemente una conveniencia que dos puedan vivir tan barato como uno? ¡Ese, por cierto, es el mayor mito que ha existido jamás! Pero ¿es simplemente que dicen: "Bueno, unamos nuestras fuerzas. Cocinemos el uno para el otro, durmamos el uno con el otro, y eso es mucho más conveniente que ir de nuestra casa a tu casa". ¿Es solo una comodidad para que dos personas puedan cuidarse mutuamente y cuidarse mejor a sí mismas? ¿Es solo un contrato entre dos personas que se comprometen a hacer ciertas cosas el uno por el otro durante el tiempo que deseen y en cualquier momento, cuando sientan que ya han tenido suficiente, el contrato puede ser cancelado y pueden abandonarlo?

La respuesta de la Biblia es que es mucho más que una conveniencia, mucho más que un contrato. Algo absolutamente radical cambia en la vida de dos personas cuando se casan: los dos se convierten en uno. No solo una carne —aunque sus cuerpos estarán unidos—, sino que se convierten en una *persona*. Por tanto, si dos se han convertido en uno, entonces cada uno se ha convertido en "mitad". ¡Ahora soy solo media persona y mi esposa es mi media naranja! Mientras el cónyuge esté vivo, el otro sigue siendo media persona. Uno está incompleto sin el otro. Solo hay una cosa en la Biblia que restaura la integridad de una media persona y es la muerte. Se menciona en Marcos 12 y en Romanos 7, que solo la muerte puede restaurar la integridad de una persona. La muerte lo hace por la sencilla razón de que el cuerpo, a través del cual sacramentalmente se convirtieron en una persona a través de una sola carne, ya no es un cuerpo en la tierra. Por lo tanto, el matrimonio se ha roto y la integridad ha sido restaurada a la media persona. Por eso en los oficios matrimoniales la pareja dice: "hasta que la muerte nos separe". Aunque sean dos cristianos que esperan estar juntos en el cielo, estamos afirmando muy claramente que en la tierra la condición de ser una mitad será restaurada a la totalidad en caso de muerte del cónyuge.

He aquí el sentido del matrimonio. Para que tenga lugar, no solo debe haber una unión o un apego entre dos personas, sino que debe haber un dejar que lo preceda. "Un hombre dejará a su padre y a su madre y se unirá a su mujer". Una relación tiene que ser rota para que pueda darse la otra.

Por lo tanto, el matrimonio nunca es un asunto privado. No es algo que se pueda dar simplemente con dos personas que deciden vivir juntas. Afecta a otras personas; afecta a la sociedad. Estoy seguro de que todos los que nos hemos casado hemos pasado por una etapa, justo antes de la boda, en la que queríamos irnos solos a Gretna Green y olvidarnos del resto. Todo el asunto de "¿vamos a invitar a la tía tal y cual?" y todo lo demás y "¿quién se ofenderá si no enviamos una invitación?".

Pero es correcto y apropiado que un matrimonio sea público por esta razón: están rompiendo otras relaciones para hacer ésta. El hecho de que dos se conviertan en uno afecta profundamente a los demás. Por un lado, ahora hay personas emparentadas "de derecho" que antes no lo estaban. Ahora tiene una suegra, y por ley tiene un padre y las dos familias se han unido. Ese es un significado del matrimonio.

En tercer lugar, consideramos *el nivel de amor*. Todo el mundo canta sobre él, todo el mundo habla de él, todo el mundo lo desea, pero ¿qué es? ¿Cómo definiría usted el "amor"? Una de nuestras dificultades es que la lengua inglesa/española es tan limitada que utilizamos una palabra para todos los significados, mientras que los griegos tenían una gran variedad de palabras. Ahora bien, hay tres puntos de vista sobre el matrimonio y lo que constituye el amor. Voy a etiquetarlos como el punto de vista racional, el punto de vista romántico y el punto de vista religioso.

El punto de vista racional decía que el amor es ante todo una cuestión de la mente, y de decidir quién encaja con quién, quién está bien emparejado, y de concertar el matrimonio. Hubo un tiempo en muchas sociedades en que los matrimonios se concertaban para los hijos. Todavía es una tradición formal en algunos círculos pedir al padre por la hija. Ahora es una formalidad, pero en los viejos tiempos era un asunto muy serio. Todo se veía racionalmente: "¿Cuáles son tus perspectivas, joven? ¿Puedes cuidar de mi hija? ¿Son compatibles? ¿Son compatibles sus temperamentos?".

Se hacían muchas preguntas racionalmente. Uno piensa en el joven que le dijo a su chica: "Estoy haciendo una lista de tus puntos buenos". Ella le contestó: "Será mejor que te des prisa, porque estoy haciendo una lista de tus puntos malos y tengo diecinueve".

Ese es el enfoque racional del amor. Voy a decir que creo que mucha gente comete un gran error al descartar el lado racional del amor. He dicho a los jóvenes: si realmente son compatibles y están hechos el uno para el otro, otros también lo sentirán así, que no tienen tus sentimientos pero que racionalmente los mirarán a los dos y dirán: "Son compatibles". Puede ser una muy buena comprobación de su orientación.

Pero ahora hemos visto el cambio del amor racional al amor

romántico: la transferencia de la comprensión del amor de la cabeza al corazón y la interpretación del amor enteramente en términos de sentimiento. Ahora bien, si nuestro amor no tiene sentimientos, hay algo malo en él, pero si es enteramente sentimiento y nada más, entonces también hay algo malo en él. Pero la visión falsa del enfoque romántico del amor es ésta: que el amor se acaba en cuanto dejamos de sentir algo por esa persona, que el amor se ha desvanecido. Ésa es la visión puramente romántica.

Ahora permítame pasar a la visión cristiana, que no es ni la racional ni la únicamente romántica. Este punto de vista es que el corazón del amor descansa no solo en lo que *pensamos* de una persona ni solo en lo que *sentimos* por ella, sino en la forma en que *actuamos* con ella. Por tanto, no se centra solo en la mente o el corazón, sino también en la voluntad. Tiene una comprensión racional, tiene un sentimiento romántico, pero cuando una pareja se presenta para casarse y yo estoy delante de ellos, no les digo: "¿Creen que son compatibles? ¿Piensan los demás que son compatibles? ¿Están de acuerdo sus padres?".

Tampoco les digo: "¿Cuáles son sus sentimientos el uno por el otro en este momento?" Suelen tener los ojos bastante vidriosos y no están del todo con nosotros, y sus sentimientos realmente no son los que serán. Pero yo no les pregunto cómo se sienten, y ellos no responden a mis preguntas: "Creo que amo a esta persona". Tampoco dicen: "Siento que quiero a esta persona". Digo: "¿Cómo van a actuar con la otra persona? ¿Están preparados para ser leales pase lo que pase? ¿En lo bueno y en lo malo, en la riqueza y en la pobreza, en la salud y en la enfermedad? ¿Están preparados para actuar hacia la otra persona con lealtad?".

Si es así, ése es el verdadero amor a los ojos de Dios, porque ésa es la clase de amor que Dios tiene por nosotros. No es un amor condicionado por lo que piensa de nosotros, y sabemos lo que puede pensar de nosotros. No es un amor condicionado principalmente por lo que siente por nosotros, porque creo

No cometer adulterio

que debe haber momentos en los que tiene sentimientos muy encontrados hacia nosotros. Es el tipo de amor que dice: "Sí. Te quiero en lo bueno y en lo malo. Te he tomado como mío". Jesús, habiendo amado a los suyos, los amó hasta el final a pesar de lo que hicieron. Por eso, el amor no tiene por qué cesar cuando desaparecen los sentimientos. Tampoco es necesario que el amor se detenga cuando mental y racionalmente todos los argumentos apunten a la ruptura. El amor puede seguir existiendo si es la visión del amor que describe la Biblia.

Mi cuarto punto se refiere *al peligro del divorcio*. Es un problema que está presionando ahora mismo a las congregaciones cristianas, y es un problema con el que he tenido que lidiar una y otra vez. (Para un examen más detallado de este asunto, vea mi libro titulado *El nuevo matrimonio es adulterio, a menos que...*) En resumen, ¿qué dice la Biblia sobre el divorcio? Una vez más, es vital regirse por la Palabra y no por el mundo, por la cabeza y no por el corazón. Voy a hacer tres preguntas, que para muchos son delicadas: ¿Qué piensa Dios del divorcio? ¿No hay momentos en que la separación es el menor de dos males? ¿Es posible volver a casarse?

En primer lugar, ¿qué piensa Dios del divorcio? No hay duda alguna sobre la respuesta. En Malaquías 2:16, Dios dice: "Odio el divorcio". Nada podría ser más claro, y no hay duda de que a Jesús le disgustaba intensamente y reflejaba la actitud de su Padre. Así que hay una respuesta sencilla a la primera pregunta. Es ajeno al plan de Dios para su pueblo. No es algo que Dios quisiera o pretendiera que sucediera. Ojalá la respuesta a las otras dos preguntas fuera tan sencilla.

La segunda pregunta: ¿no hay momentos en que la separación es el menor de dos males? ¿No hace posible esto un nuevo matrimonio? La respuesta de la Biblia es: sí, hay veces en que es el paso correcto que hay que dar, no porque sea un paso bueno, sino porque es un paso menos malo. La situación que contempla

LAS INSTRUCCIONES DEL FABRICANTE

el Nuevo Testamento es aquella en la que el hogar ha llegado a tal punto que el Dios que es armonía y paz ya no se refleja en la situación y los hijos se están criando en una situación de constante antagonismo, odio y lucha. El Nuevo Testamento parece decir muy claramente que hay momentos en los que esto es, por desgracia, necesario y que sería mejor que dos personas vivieran separadas que seguir viviendo juntos como perro y gato.

Hay un caso especial que también se menciona en 1 Corintios 7, un caso inusual pero común. Es el siguiente: una pareja se ha casado y, después de casarse, uno de los dos se ha hecho cristiano. Esta es una verdadera fuente de tensión y frustración entre los dos. He conocido muchos hogares donde esto ha sucedido. Lo que era un hogar pacífico con dos incrédulos se convierte en un hogar profundamente infeliz porque ahora hay un yugo desigual. La Biblia enseña que uno nunca debe entrar en ese yugo desigual si es cristiano antes de casarse; un cristiano solo puede casarse con un cristiano. Pero muchos se convierten después de casarse, y esto causa verdadera fricción. Aquí Pablo expone con toda claridad este principio, en lo que concierne a la pareja cristiana: deben permanecer en el matrimonio todo el tiempo que puedan con la esperanza de llevar a su pareja a Cristo. "Quién sabe si la mujer salvará a su marido o el marido a su mujer", dice Pablo.

Pero la otra cara de la moneda es ésta: si el no creyente desea irse, el cristiano debe dejarlo y no está obligado a quedarse. La razón es que, en cierto sentido, la conversión de la pareja ha sido un poco injusta para el no creyente. No se casó con un cristiano. No tenía intención de casarse con un cristiano. Si esa pareja hubiera sido cristiana cuando se cortejaban, habría sido el final. De repente ahora está casado con un cristiano y esa es una situación embarazosa.

Uno de los versículos más humorísticos de la Biblia, sobre el cual nunca he predicado porque no creo que pudiera mantener una cara seria, es después del primer matrimonio de Jacob: "He aquí que por la mañana era Lea", que me parece el eufemismo más magistral de toda la Biblia. Creyó que tenía a Raquel. De la misma manera, maridos incrédulos, o más raramente esposas, se han despertado de repente al hecho de que están casados con una persona diferente a la que estaba en la ceremonia con ellos. Pablo dice que, si la pareja incrédula quiere salirse, que se vaya, porque Dios es un Dios de armonía y no quiere desarmonía en su nombre. Hay situaciones en las que una separación es el menor de dos males y una buena cosa, relativamente.

Ahora llegamos a la tercera y más difícil pregunta, el corazón del problema que necesita gran honestidad: ¿permite la separación volver a casarse? Debemos mantener estas cuestiones separadas. Ojalá pudiéramos, porque el divorcio los ha acercado demasiado. Una cosa es que un matrimonio se separe y otra que uno de los cónyuges vuelva a casarse. Pero la gente toma el divorcio como un permiso para volver a casarse. Este versículo marca la pauta: "La mujer no debe dejar a su marido, pero si se separa de él, que permanezca soltera o vuelva con él". Aquí se contempla la situación en la que, en aras de la paz, se hace necesaria la separación. Está muy claro, cuando eso ocurre: que la pareja permanezca soltera o que se reconcilie con el que ha dejado. Esta es la postura básica del Nuevo Testamento. ¿Acaso hay alguna excepción?

Paso ahora a algo que dijo el propio Jesús cuando le preguntaron sobre la cuestión del divorcio. En su época había un gran debate sobre el divorcio. Dos rabinos, Shamai e Hillel, enseñaban diferentes interpretaciones de la Palabra de Dios. Moisés había dicho que, si un hombre se casa con una mujer y encuentra algo impuro en ella, puede escribir un acta de divorcio y separarse, y ser libre para volver a casarse. El debate era qué se entendía por "algo impuro". Shamai decía solo una cosa: adulterio. Hillel dijo que algo impuro puede abarcar un montón de cosas. Puede significar quemar la tostada en el desayuno, salar demasiado la sopa, hablar en voz alta, o salir a la calle con la cabeza descubierta, o incluso encontrarse con una mujer más atractiva. Puedes adivinar qué

rabino era el predicador más popular.
 A Jesús le preguntaron cuál de esas dos interpretaciones adoptaba él como maestro. Su respuesta no se refirió a ninguna de las dos. Dijo: "El que se divorcia de su mujer, salvo por causa de fornicación, y se casa con otra, comete adulterio"
 Note que dice "fornicación". Mucha gente lo ha pasado por alto, y se ha llevado la impresión general de que Jesús hizo del adulterio la única excepción. ¿Qué quiso decir? Solo puedo transmitirles el resultado de mi propio estudio al respecto. Lo estudié porque me pidieron que preparara un documento para el grupo de reforma del divorcio formado por miembros del Parlamento y ministros de la iglesia antes de la reforma de las leyes de divorcio.
 Hice este descubrimiento: "adulterio" se utiliza siempre para la relación sexual errónea o ilícita de una persona casada con alguien que no es su pareja, mientras que "fornicación" se utiliza siempre para la relación sexual errónea de una persona soltera, y estas dos cosas aparecen una al lado de la otra como términos diferentes. ¿Qué quiere decir Jesús cuando habla de divorciarse de su pareja por causa de fornicación? La respuesta es que no se refiere a algo que haya ocurrido después del matrimonio, sino a algo que ocurrió cuando aún eran solteros y no se había revelado en el momento de la boda. Se trata de una excepción muy limitada y, curiosamente, no es motivo de divorcio en la legislación inglesa. Jesús se refiere a la infidelidad no revelada antes del matrimonio, por lo que la persona que llegó al matrimonio era solo media persona al principio y ya lo había sido con otra persona, y esto no había sido revelado. Por lo tanto, no había sido perdonado antes del matrimonio, por lo que el matrimonio no había empezado con buen pie.
 Si eso es lo que Jesús está diciendo, varias cosas lo confirmarían. En primer lugar, Moisés había dicho: "Si un hombre se casa con una mujer y encuentra en ella alguna cosa impura, puede divorciarse de ella a menos que sus padres puedan aportar pruebas

de su virginidad", así que Jesús no está corrigiendo a Moisés, sino dándole la razón. El siguiente argumento que indicaría que ésta es la interpretación correcta es la extraordinaria reacción de los discípulos a su decisión. Su reacción fue la siguiente: "Si eso es así, uno nunca puede divorciarse. No tiene sentido casarse. Nunca se podría salir de él".

De hecho, éste fue el mismo motivo por el que Jesús casi tuvo un divorcio en su propio círculo familiar, porque antes de que José y María se casaran, José descubrió que ella estaba embarazada y, siendo un hombre justo, decidió divorciarse de ella basándose en la ley de Moisés. Jesús se refiere ahora exactamente a lo mismo. En otras palabras, el único motivo para romper un matrimonio es que nunca llegó a iniciarse, lo cual tiene sentido. Es racional, y se puede entender por qué Jesús lo dice. Jesús corrigió el punto de vista de los discípulos. Si estoy en lo cierto al interpretar las palabras de Jesús, entonces todos los motivos del divorcio moderno caen por tierra. Jesús está diciendo que volverse a casar después del divorcio es adulterio. Busque en las escrituras por su cuenta y vea si es así. Lo que no podemos hacer es ir en contra de la enseñanza de Cristo si profesamos pertenecerle. Cada uno de nosotros debe seguir su propia conciencia y entendimiento al respecto.

En quinto y último lugar, pasamos a *la salvaguardia de la sociedad*. Lo que un ladrillo es para el edificio, un matrimonio lo es para la comunidad. No cabe duda de que una sociedad se desmoronará y colapsará si el matrimonio se derrumba. La historia está sembrada de este tipo de historias. Menciono solo el Imperio Romano. Durante los primeros quinientos años de la mancomunidad romana no hay constancia de la ruptura de ningún matrimonio. Luego Roma conquistó Grecia, y Grecia los conquistó a ellos. Uno de los más grandes filósofos griegos dijo: "Tenemos cortesanas para el placer, concubinas para la cohabitación y esposas para tener nuestros hijos y mantener nuestra casa". Eso se consideraba normal y natural. Cicerón y Sócrates defendieron este sistema. Tenían amantes además de esposas, y uno podía divorciarse de su mujer sin ningún procedimiento legal simplemente diciéndole delante de dos testigos: "Vete". Roma conquistó Grecia, la moral de Grecia se extendió, y desde ese día tenemos los inicios de los primeros registros de ruptura matrimonial, hasta que en la propia Roma el matrimonio se convirtió en cosa del pasado. Se tiene constancia de que una mujer tuvo ocho maridos en cinco años, poco después de que Roma conquistara Grecia. En la época de nuestro Señor, los hijos eran simplemente un estorbo, porque cuando se llegaba al divorcio estorbaban, y la moral se vino abajo. El imperio romano no se resquebrajó porque fuera atacado desde fuera, sino porque los ladrillos de su sociedad se desmoronaron por dentro. Cuando un número suficiente de ladrillos se desmorona, la casa se cae.

El mandamiento de Dios, "No adulterar", está diciendo algo esencial para que la sociedad siga funcionando. El matrimonio es el cemento de la sociedad. Si en su casa hoy mantiene unido un matrimonio por el tipo de amor que dice "Sí", está haciendo algo grande por este país.

He expuesto mis cinco puntos, pero es muy posible que la mayoría de los que lean esto se sientan todavía muy cómodos, y quizá no deberíamos estarlo, porque Jesús hace algo con los Diez Mandamientos al extraer sus implicaciones. Lo que hizo con el sexto lo hace con el séptimo. Con el sexto dejó claro que el asesinato no es solo lo que hacemos con la mano, sino lo que hacemos con el corazón. Con el séptimo hace lo mismo: el adulterio empieza dentro, no fuera; ahí es donde empieza. Señala el espíritu y no solo la letra de la ley. Nos enfrentamos a las presiones de la sociedad para que seamos infieles y miremos hacia otro lado. Jesús nos inculca que debemos librar la batalla en nuestro *interior* y ganarla allí.

El Nuevo Testamento va más allá del adulterio mental y emocional para hablar del adulterio espiritual. Se describe en estos términos: si amas a Dios y también amas al mundo, eso es adulterio espiritual. La ley se amplía en el Nuevo Testamento para abarcar mucho más que el acto físico. Cubre el pensamiento mental y cubre la infidelidad espiritual a aquel que nos ama y que nos casó en Cristo. Eso nos descubre a la mayoría de nosotros, como lo hace la ley. Pablo señala que es por el borde recto de la ley que vemos cuán torcidos estamos.

Pero este pecado no es, y nunca será, el pecado imperdonable. En el Antiguo Testamento leemos de Oseas, un predicador que se casó con una prostituta. No funcionó, y ella volvió a su antigua forma de vida. Oseas encontró en su corazón un amor que fue a buscarla al mercado, la encontró, la trajo de vuelta a casa, la amó y la perdonó. A través de esa experiencia, Oseas llegó a conocer el perdón de Dios, y la gracia de Dios que dice: "Te he amado gratuitamente. Sanaré tus recaídas".

Jesús le dijo a una mujer sorprendida en el acto. "Vete y no peques más, ni yo te condeno". No es el pecado imperdonable, pero sigue siendo pecado. Todos tenemos dentro de nosotros la capacidad de ser infieles.

8

NO ROBAR

Cuando Jesús pasaba por Jericó, un hombre llamado Zaqueo, uno de los judíos más influyentes en el negocio romano de recaudación de impuestos y, por supuesto, un hombre muy rico, intentó echar un vistazo a Jesús, pero era demasiado bajo para ver por encima de la multitud. Así que se adelantó corriendo y se subió a un sicómoro que había junto al camino para observar desde allí. Cuando Jesús pasó por allí, miró a Zaqueo y lo llamó por su nombre: "Zaqueo", le dijo, "Rápido, baja porque hoy voy a ser huésped en tu casa". Zaqueo se apresuró a bajar y se llevó a Jesús a su casa con gran emoción y alegría, pero la gente estaba disgustada: "Ha ido a ser huésped de un notorio pecador", refunfuñaban.

Mientras tanto, Zaqueo se presentó ante el Señor y le dijo: "Señor, a partir de ahora daré la mitad de mis riquezas a los pobres y, si descubro que he cobrado de más a alguien en sus impuestos, me penalizaré devolviéndole cuatro veces más".

Jesús le dijo: "Esto demuestra que la salvación ha llegado hoy a esta casa".

Luke 19:1–9a

Otros dos, criminales, fueron conducidos para ser ejecutados con él en un lugar llamado "La Calavera". Allí fueron crucificados los tres, Jesús en la cruz central y los dos criminales a ambos lados. "Padre, perdona a esta gente", dijo Jesús, "porque no saben lo que hacen".

LAS INSTRUCCIONES DEL FABRICANTE

Los soldados se jugaron la ropa de él, lanzando dados por cada pieza, y la multitud miraba. Los líderes judíos se rieron y se burlaron. "Era tan bueno ayudando a los demás", decían, "veamos cómo se salva a sí mismo si es realmente el elegido de Dios, el Mesías".

Los soldados también se burlaron de él ofreciéndole un trago de vino agrio. Le gritaron: "¡Si eres el Rey de los judíos sálvate a ti mismo!". Encima de él clavaron en la cruz un cartel con estas palabras: "Este es el Rey de los judíos".

Uno de los criminales que colgaba a su lado se burló: "Así que tú eres el Mesías, ¿no? Pruébalo salvándote a ti y, ya que estás, a nosotros también".

Pero el otro criminal protestó: "¿Ni siquiera temes a Dios cuando estás muriendo? Nosotros merecemos morir por nuestras malas acciones, pero este hombre no ha hecho nada malo". Entonces le dijo: "Jesús, acuérdate de mí cuando vengas a tu reino".

Jesús le contestó: "Hoy estarás conmigo en el Paraíso. Esta es una promesa solemne".

Ya era mediodía y la oscuridad se extendió por toda la tierra durante tres horas, hasta las tres de la tarde. La luz del sol desapareció y, de repente, el espeso velo que colgaba en el Templo se rasgó. Entonces Jesús gritó: "Padre, te encomiendo mi Espíritu". Con esas palabras murió.

Cuando el capitán de la unidad militar romana que se encargaba de las ejecuciones vio lo que había sucedido, quedó sobrecogido de temor ante Dios y dijo: "Seguramente este hombre era inocente".

Luke 23:32ff.

Un muchacho indio criado en una misión cristiana vino a este país como estudiante. El misionero que lo despidió de la India le advirtió que Inglaterra no era un país tan cristiano como podría imaginarse, y que aquí vería muchas cosas que lo perturbarían. El

No robar

muchacho vino por tres años, luego regresó y el mismo misionero se encontró con él y le dijo: "Bueno, ¿fue muy decepcionante?". Él respondió: "No, fue maravilloso. En mi primer día en Londres vi tres milagros".

"Cuéntame más", respondió el misionero.

"Bueno", dijo, "tomé un autobús de Londres. Había una señora sentada a mi lado y se levantó para bajarse del autobús, pero el conductor no estaba a la vista. Estaba en el piso de arriba. Así que la señora le dio el billete a un hombre que estaba sentado a su lado para que se lo diera al conductor. Milagro número uno. El conductor bajó y el hombre le dio el billete. Milagro número dos. El conductor lo metió en la bolsa y perforó un billete. Milagro número tres". Lo único triste de esta historia es que ocurrió hace más de cincuenta años. ¡Me atrevería a decir que un indio que visitara Londres hoy en día no vería tantos milagros!

Hace unos años, un periódico informaba de una familia de veinte miembros que llevaba muchos años viviendo únicamente del robo. Sus hijos habían sido educados para robar. La prensa la describió como un "hogar pagano". Por supuesto, la gente se lleva las manos a la cabeza horrorizada ante algo así. Al menos algunos lo hacen. Pero ¿por qué está mal? Si lo necesitaban, ¿por qué no tomarlo? He identificado siete condiciones que otros han sugerido como supuesta excusa para robar hoy en día.

Primera: que realmente necesite lo que ha robado. Ésa parece ser una regla por la que se rige la gente. Si lo necesita, muchos piensan que está bien robarlo. Tiene derecho a vivir como todo el mundo y, por tanto, tiene derecho a lo que necesita.

En segundo lugar, se piensa que tiene derecho a robarlo si el propietario no lo necesita. ¿Ha oído decir eso en la oficina? "Oh, eso nunca se usa. Quédatelo. Te será útil en tu casa".

Una tercera "condición" es que puede robarlo si el propietario no lo va a echar de menos.

Una cuarta parece ser que puede robarlo si el propietario puede permitirse comprar otro. Al fin y al cabo, tiene mucho dinero.

LAS INSTRUCCIONES DEL FABRICANTE

En quinto lugar, puede robar siempre que sea a pequeña escala. En sexto lugar, se puede robar siempre que no sea a un conocido. No sé por qué eso está bien, pero lo he oído decir: sería un acto de traición a un amigo, pero un enemigo se lo tiene merecido. Una variante de esto es que siempre que no esté robando a un individuo sino a una entidad corporativa, está bien. Tengo edad suficiente para recordar cuando nacionalizaron las minas de carbón y se colocaron grandes carteles que decían: "Este pozo te pertenece", y se lo tomaron al pie de la letra. Hay quienes han pensado que la mejor manera de dejar de robar es abolir la propiedad privada. Pero es sorprendente cuántas personas piensan que siempre que se robe a algún gran ente, y no a un individuo, está bien.

La séptima que me he encontrado es que está bien robar siempre que pueda salirse con la tuya: "No serás descubierto".

Hay quienes, como he señalado, dicen que el verdadero problema es tener propiedades, y que si todos compartiéramos todo no habría robos. No se lo crean. Los comunistas sí creían que una sociedad totalmente compartida en la que todo fuera propiedad del proletariado no necesitaría policía, pues la delincuencia desaparecería y robar sería cosa del pasado. Históricamente, ha habido al menos setenta intentos diferentes de abolir la propiedad privada, y solo cinco de ellos duraron más de cuatro años.

En el octavo mandamiento tenemos el principio de la santidad de la propiedad. En el sexto mandamiento vimos la santidad de la vida, en el séptimo la santidad del matrimonio, y llegaremos a la santidad de la reputación. Pero ahora veremos el octavo mandamiento que, entre otras cosas, significa simplemente que no hay nada malo en tener propiedades.

Incluso las sociedades comunistas han descubierto muy pronto que la gente tiene propiedades de un tipo u otro. No es el hecho de que tengamos propiedad privada lo que provoca el robo: es algo que está mal en la naturaleza humana, no en el sistema. El

No robar

Nuevo Testamento nunca aboga por practicar el comunismo. Sé que algunos afirman que sí. Volveré sobre ello, pero la diferencia entre lo que hacían en el Nuevo Testamento y lo que se ha hecho en nombre del comunismo es que en el Nuevo Testamento era voluntario y en el Nuevo Testamento nunca fue total. Una persona podía compartir lo que quisiera. Podía quedarse con algo para sí y compartir algo; no era total.

El mandamiento es contundente, audaz, sin calificaciones. No enumera muchas circunstancias en las que robar está bien. Simplemente dice: "No lo hagas".

Hemos observado que, en todas las obras de construcción, en todos los grandes almacenes, en todos los depósitos, existe lo que eufemísticamente se llama "merma". Podría mostrarle en el edificio de nuestra iglesia dos puertas que tuvieron que ser sustituidas. No eran de la calidad que habíamos pedido. ¿Por qué? Porque cinco preciosas puertas de abedul desaparecieron un día de la obra. Así que pusimos unas de peor calidad temporalmente hasta que pudiéramos colocar las buenas. Ese mismo edificio tenía marcas de la violación de este mandamiento. Ni siquiera podíamos construir un edificio de la iglesia sin que ocurriera. Aunque el nivel de robo fue notablemente bajo teniendo en cuenta la falta de una valla alrededor de la obra. Oramos por esto y se mantuvo reducido.

Todos los años hay que destinar millones de libras a robos. Hay dos tipos de robo de los que quiero hablar: robar a la gente y robar a Dios. Aquellos de nosotros que no hayamos robado mucho a la gente necesitamos recordar también la segunda parte: se puede robar a Dios.

Veamos primero el robo a la gente. ¿Por qué está mal? Podríamos decir: "Porque Dios lo dice". Es una respuesta sencilla, pero no es suficiente, ¿verdad? ¿Por qué lo dice Dios? ¿Por qué está mal? La respuesta es que va en contra de las leyes de la ganancia honesta. Hay dos leyes: el trabajo y el amor. Debemos ganar lo que tenemos a través de ganancias o a través de regalos.

LAS INSTRUCCIONES DEL FABRICANTE

Éstas son las dos formas honestas de obtener algo. Otras formas no son honestas. La principal fuente de ingresos debe ser el trabajo para todos nosotros.

He aquí dos textos, escritos por Pablo, que son tan realistas que algunos podrían pensar que proceden de un manual sindical y no de la Biblia: *El que no quiera trabajar, que no coma.* Así habla el Nuevo Testamento, y es bastante directo. He aquí otra: *Que el ladrón ya no robe, sino que trabaje, haciendo un trabajo honrado con sus manos* [Fíjense en esto: utilizando sus manos de otra manera] *para poder dar a los necesitados.*

De estos dos textos se desprenden dos cosas sobre la perspectiva de un ladrón que están destinadas a afectar a su carácter. En primer lugar, vive para "recibir" y no para dar. Pablo dice que deje de robar y trabaje duro para aprender a dar. Robar producirá un tipo de persona que *recibe*, trabajar duro producirá un tipo de persona que *trabaja duro.* La segunda cosa es que está tratando de obtener algo por nada, tratando de tomar atajos, tratando de hacerse rico rápidamente, tratando de evitar el intercambio de bienes o servicios que es una forma legítima de ganancia. Una persona que es ladrona se convierte en un tipo de persona que consigue *algo a cambio de nada.*

Ahora bien, cuando hemos dicho estas dos cosas, nos damos cuenta de que hay muchas formas de robar. No nos gusta la palabra, así que la disfrazamos. Podemos llamarlo "perspicacia para los negocios". Podemos llamarlo todo tipo de cosas, pero veamos algunas de las formas en las que podríamos estar robando, viviendo para recibir en lugar de vivir para dar y tratando de obtener algo a cambio de nada. El *robo* simple es el más obvio: el ladrón de bancos, el ladrón de coches, el ladrón de cajas fuertes, el ladrón de viviendas. Eso entra claramente dentro de este mandamiento. No necesitamos discutir sobre eso, así que no lo haré. La forma más común es quizá el hurto en tiendas, mencionado antes.

La segunda forma es *hacer trampa*: pagar de menos, cobrar de

No robar

más y hacer publicidad burdamente engañosa. Al menos ahora tenemos la Ley de Descripciones Comerciales, que mis hijos querían que invocara. Les compraba algunos dulces semanales y una semana llegué a casa y dije: "He resuelto un problema en nuestra vida familiar". Había comprado tres tiras largas de toffee que decía: "Toffee eterno". Así que les dije: "Aprovechen, que es la última vez que traigo a casa caramelos semanales". Su reacción fue decir: "Papá, Ley de Descripciones Comerciales", porque duró unos quince minutos.

Al menos somos conscientes de que engañar es robar, y deberíamos llamarlo así, ya sea bajarse del autobús sin pagar el billete, o sobornar a un funcionario, o amañar un contrato, o hacer trampas con las divisas. Un empresario que no paga un salario justo o un empleado que no trabaja un día justo está haciendo trampa, lo cual es robar.

En tercer lugar, *explotar*. Durante la guerra teníamos lo que se llamaba el mercado negro. Las cosas escaseaban, así que había un mercado clandestino y se podía comprar mantequilla en él, se podía comprar tocino... pero se pagaba muy caro debido a la escasez. Algunas personas hicieron mucho dinero de esa manera. Me pregunto constantemente hasta qué punto los precios actuales de la vivienda se acercan al robo en el sentido de explotar la escasez. Uno se pregunta hasta dónde pueden llegar antes de que nos encontremos de hecho en el ámbito del robo en forma de explotación. Las Escrituras prohíben la usura entre los pobres. Prohíben aprovecharse de una persona pobre cobrándole un alto tipo de interés. Quizá haya que analizar esto a la luz de nuestra situación en materia de vivienda y de las facilidades hipotecarias para una pareja joven que lucha por conseguir una casa propia.

En cuarto lugar, podemos robar *apostando*. Mencionaré brevemente lo que es una apuesta. La gente dice que el comercio bursátil es una apuesta. A veces lo es, pero no lo es en sí mismo. Hay quien dice que los seguros son una apuesta. No, no lo son. Apostar es *crear un riesgo de pérdida que no existía antes*. El

LAS INSTRUCCIONES DEL FABRICANTE

seguro nunca hace eso; se ocupa de riesgos existentes. En segundo lugar, siempre se trata de ganar a costa de otro. No entiendo cómo se puede amar al prójimo e intentar hacer eso. En tercer lugar, se trata de obtener algo a cambio de nada, sin intención de intercambiar ningún bien o valor por el dinero recibido. Esos tres factores, cuando están todos presentes, constituyen una apuesta, ya sea un boleto de rifa o cinco mil libras al ganador del Derby. La cuantía de la apuesta no tiene la menor importancia. Aunque el juego por dinero no se trata específicamente en la Biblia (excepto quizá en el relato de lo que ocurrió entre algunos de los presentes en la crucifixión), creo que podríamos decir que un apostador está robando.

En quinto lugar, el *hurto*. Antes nos llamaban una nación de tenderos, ahora somos una nación de ladrones de tiendas. Pequeñas cosas: perchas de hotel, cucharillas de cafetería, cubiertos, vajilla, ceniceros, lápices, etcétera. He predicado pocas veces sobre este mandamiento, y cuando lo hice en una ocasión había un hombre tomando notas del sermón en un cuaderno que había "tomado" de la oficina. Anotó todo el sermón y después vino a verme con un gran problema. ¿Qué debía hacer? No quería devolverlo por si lo leían. La Biblia llamaría robo al hurto.

En sexto lugar, está el *robo por hallazgo*. "Encontrar es guardar". ¿Lo es? ¿Quién dijo que lo fuera? Recuerdo el día en que, de niño, encontré un monedero lleno de dinero. Estaba en la acera y me lo llevé a casa con gran alegría. Estaba ahorrando para algo y allí estaba el dinero.

En séptimo lugar, está el *"pedir prestado"*. Si es pedir prestado sin pedir ni devolver, ¿es diferente de robar? Las bibliotecas británicas han perdido millones de libros por este tipo de "préstamos". No pagar una factura es en realidad obligar a alguien a prestarle dinero. En los estados del sur de Estados Unidos hubo un predicador afroamericano que se interesó mucho en este tema. Dijo: "Todos los miembros de la congregación que hayan estado robando gallinas pónganse de pie y confiesen". Nadie se movió.

No robar

"Todos los miembros de la congregación que han estado robando lechones, pónganse de pie y confiesen". De nuevo nadie se movió. "Todos los miembros de la congregación que han estado robando maíz, pónganse de pie y confiesen". Nadie se movió. Así que cerró el sermón, tuvieron el último himno, se paró en la puerta, y mientras salían, un hombre, enjugándose la frente, dijo: "Pastor, si hubiera dicho 'patos' estaba perdido". Lo que nos recuerda que el Señor tiene su propia manera de descubrirnos. Puede que no hayamos tocado específicamente algo en su vida o en la mía, pero eso no significa que la ley de Dios no se aplique. El Espíritu Santo la aplicará a su manera.

La otra historia de la misma área fue la de un grupo de diáconos que llevaron al pastor a la sacristía después de un sermón sobre este mandamiento y le dijeron al pastor: "Ahora pastor, apéguese al evangelio y manténgase alejado del robo de gallinas". Pero el pastor tenía razón: el evangelio se ocupa del robo de gallinas, porque el evangelio trata de la salvación. Cuando un hombre llamado Zaqueo dijo: "Voy a pagar cuatro veces más", Jesús dijo: "La salvación ha llegado aquí". La salvación ha llegado si aparece así.

Hay otra forma de robar en la Biblia a la que debemos prestar atención, y es *robar a Dios*. ¡Qué frase tan extraordinaria! Por supuesto, si robar estuviera bien, si pudiéramos quitarle algo a alguien que puede permitírselo, entonces podríamos robarle a Dios. Él lo tiene todo. Pero veamos un poco más de cerca esta frase. Si robar a los hombres muestra que tenemos una actitud equivocada hacia la propiedad ajena, robar a Dios muestra que tenemos una actitud equivocada hacia su propia propiedad. Lo explicaré en un momento. Decir, "Lo que es tuyo es mío" es robar a los hombres. Pero decir: "Lo mío es mío" es robar a Dios, según la Biblia.

Volvamos al "comunismo" del Nuevo Testamento. En Hechos 4:32 se dice que ninguno de los primeros cristianos decía que todo lo que poseía era suyo. La gente ha saltado a la conclusión de que, por lo tanto, lo que decían era: "No es mío, es tuyo". Eso no es lo que dijeron. Lo que dijeron fue: "No es mío, es suyo", una cosa totalmente diferente. Creían que, cuando el Señor Jesús pagó tal precio con su propia sangre, no solo me compró a mí, sino que también compró todo lo que tengo. Esa es una profunda comprensión de la redención que Cristo vino a traer. No solo me compró a mí, sino que compró todo lo que tengo. Por lo tanto, no es mío, es suyo. "Den a Dios lo que es de Dios".

Veamos tres maneras en las que podemos robarle a Dios. Primero, podemos robarle *dinero* a Dios. Cuando ponemos algo en el plato de la colecta, ¿pensamos que le estamos dando algo nuestro, o no vemos más bien que le estamos dando algo de él? Que gran diferencia hace eso en la colecta.

En segundo lugar, podemos robar a Dios *tiempo*. Cuánto de la obra de Dios se atrofia y se frena por una pequeña frase: "No tengo tiempo". Sin embargo, todos tenemos todo el tiempo que hay. Cada uno de nosotros tiene veinticuatro horas al día. Puede que no seamos iguales en cuanto al dinero que tenemos, pero él nos ha dado el mismo tiempo. Podemos robarle a Dios el tiempo que debería haber tenido porque es *suyo*. No es solo que cuando estoy en la iglesia ese es su tiempo, ni siquiera es que el domingo sea su tiempo. El verdadero entendimiento cristiano es que él me compró, así que compró todo mi tiempo. La pregunta es cuánto de su tiempo se me permite tener y no cuánto de mi tiempo tendrá *él*.

La tercera forma en la que podemos robar terriblemente a Dios es de nuestros *dones*. No creo que haya un solo cristiano sin dones. Hay algunos con más dones que otros, y Dios los distribuye soberanamente, pero la Biblia dice que distribuye dones a cada uno. Todo el mundo tiene un don que puede utilizar. Puede ser significativo que el hombre con un talento fue el que lo enterró en una servilleta y lo sacó después, y el amo se enfureció con ese siervo porque le dijo: "Me has robado al no usar el don que te dejé. No tienes intereses. Podrías haberlo puesto a usura; podrías haberlo invertido. Podría haber sacado algo de ello. En cambio,

No robar

como solo tenías un pequeño don, lo enterraste, y me has robado los intereses". Si Dios ha invertido dones en nosotros es porque buscaba intereses de esos dones. Si digo: "No tengo ningún don", o si digo: "Lo siento, estoy demasiado ocupado para que mi don esté disponible", entonces le estoy robando a Dios.

Es importante mencionar que *hay perdón disponible para el robo*. No es el pecado imperdonable. Si usted ha sido educado respetablemente, puede que mire con desprecio a un ladrón de tiendas o a alguien en una fábrica que roba herramientas, pero quiero decir que puede haber perdón. Lo pruebo por un ladrón moribundo que, en el último minuto de su vida, pagando por sus actos dijo: "Señor..." y el Señor le perdonó.

Por último, ¿por qué robar si somos tan ricos? He oído de un joven de un hogar rico que robaba tiendas. Eso es una locura, pero algunos lo hacen. Por qué deberíamos los cristianos pensar en "conseguir" cuando somos como millonarios: vivimos en Cristo, y a través de su pobreza nos hemos hecho ricos. Todas las cosas son nuestras en Cristo. Todo el universo será nuestro, así que vivamos como millonarios. Démonos cuenta de que estamos aquí para dar, para dispensar las riquezas de la gracia de Dios, no para quitar a los demás, no para ganar competiciones, no para conseguir algo a cambio de nada, sino para repartir la riqueza de nuestro Padre celestial. Ese es nuestro privilegio. El que roba, que no robe más, sino que trabaje honradamente con sus manos, para tener y dar a los necesitados.

9

NO DAR FALSO TESTIMONIO

El noveno mandamiento de Dios a través de Moisés es: "No des falso testimonio". Cuanto más estudiamos los Diez Mandamientos, más vemos que no son diez, sino uno. Estos Diez Mandamientos son como los eslabones de una cadena: rompa uno de los eslabones y habrá roto toda la cadena. El Nuevo Testamento nos muestra esto, así que debemos considerar el estándar de nuestra vida no por el eslabón más fuerte sino por el más débil. No por aquellos mandamientos de Dios que hemos logrado guardar, sino por aquellos que rompemos. Vemos los Diez Mandamientos como todo un estándar de vida, ciertamente no como si Dios añadiera al final que solo necesitamos intentar seis de diez. Pero esta es su cadena de carácter cristiano; esta es su cadena de moralidad. Si la rompemos en cualquier punto, habremos inutilizado el conjunto; habremos quebrantado la ley. Se dice que llegamos en el noveno mandamiento a uno que se rompe más ampliamente y con más frecuencia que cualquiera de los otros nueve, así que aquí hay un eslabón débil en la cadena para muchos de nosotros.

Hay dos maneras en que el noveno mandamiento está vinculado muy estrechamente a algunos de los otros. Por un lado, los tres últimos mandamientos (octavo, noveno y décimo) se refieren al robo. El octavo habla de robar a alguien de acción, el noveno de palabra y el décimo de pensamiento: "No codiciarás". También podemos relacionar este mandamiento con alguno de los otros. Vimos que hay cinco que tienen que ver con nuestra relación con Dios, cinco con nuestra relación con los hombres, y en cada uno de esos cinco uno de los cinco —el tercero y el noveno— tienen que ver con la lengua.

El arma más mortífera que poseía un soldado romano era una espada corta y ancha con una espina en medio, la forma y apariencia exactas de una lengua. Por eso, en las Escrituras, las palabras se describen a menudo en términos de una espada de dos filos. Así como el soldado romano podía tomar un trozo de acero con forma de lengua y hacer daño con él, nosotros podemos hacer lo mismo.

Ahora llegamos al noveno mandamiento, que se refiere a lo que decimos. Vamos a encontrar que, a pesar de su aplicación más limitada al perjurio en la corte, hay un sentido más amplio en el que todos nosotros tenemos que escuchar este mandamiento y dejar que su filo penetre muy profundo. ¿Hasta qué punto son graves los pecados de la lengua? La mayoría de nosotros los excusamos y los tratamos a la ligera. Hay un pequeño refrán que solíamos usar de niños que decía algo así: "Palos y piedras pueden herir mis huesos, pero los nombres nunca me harán daño". Si alguna vez ha habido una falsedad, es ésa. Shakespeare estaba mucho más cerca de la verdad cuando dijo: "Quien roba mi bolso roba basura, pero quien me roba mi buen nombre me roba lo que no lo enriquece y me hace realmente pobre".

La Biblia se toma esto muy en serio. Habrá oído hablar de la ley del talión, que dice: "Ojo por ojo, diente por diente y vida por vida". Esa ley, un ejemplo muy profundo de justicia, era un castigo tan severo que se reservaba en la ley judía solo para tres delitos, uno de los cuales era el perjurio. Si un hombre que daba falso testimonio en un tribunal hacía sufrir a otra persona inocente, se le debía hacer sufrir exactamente de la misma manera, y en la misma proporción: ojo por ojo, y diente por diente.

En el Nuevo Testamento, los pecados de la lengua se toman aún más en serio. He aquí las palabras de Jesús: "Les digo que de toda palabra ociosa que pronuncien tendrán que dar cuenta el día del Juicio". Nuestras palabras ahora reflejan nuestro destino después. O seremos justificados por ellas o seremos condenado

No dar falso testimonio

por ellas. Pocas cosas se han dicho que sean tan serias como esa. "Toda palabra ociosa". Considere la enseñanza de Pablo. En el mismo aliento clasifica a los calumniadores con los asesinos y dice que ninguno heredará el reino de Dios. Así que los calumniadores y los asesinos son puestos en el mismo grupo. He aquí, pues, el crimen, el pecado, el vicio —llámelo como quiera— del que trata el noveno mandamiento.

Ahora bien, ¿por qué la Biblia se toma esto tan en serio? La respuesta es que la justicia se hace imposible sin la verdad. ¿Por qué un tribunal pasa tanto tiempo escuchando a tantos testigos? Me he sentado durante muchas horas tediosas en un tribunal y he pensado que es un asunto agotador, día tras día. ¿Por qué lo hacen? La respuesta es porque no se puede hacer justicia hasta que se haya descubierto la verdad. Por lo tanto, cuando una persona es sentada en el banquillo de los acusados, toma una Biblia en su mano y dice: "Juro por Dios Todopoderoso decir la verdad, toda la verdad y nada más que la verdad" o hace una Afirmación. Hasta que eso no se haga, la justicia se verá obstaculizada. La mentira hace que el culpable quede libre y el inocente sufra. La mentira pervierte la justicia y, como Dios es un Dios de justicia, exige la verdad. Faltar a la verdad sobre otro es hacer que sucedan cosas injustas. La justicia y la verdad van unidas.

Ahora hagámonos tres preguntas. En primer lugar, ¿cuál es el pecado en el que Dios está pensando? En segundo lugar, ¿cómo lo cometemos? En tercer lugar, ¿por qué lo cometemos? Cada uno de nosotros, creo, tiene que preguntarse por qué lo hemos hecho, porque lo hemos hecho. ¿Qué nos ha llevado a hacer esto?

En primer lugar, entonces, ¿qué es? Comenzaremos con su significado básico propio de perjurio, que ocurre en un tribunal de justicia. El perjurio es el delito de subirse al estrado y no decir la verdad. Es uno de los delitos más graves de la legislación inglesa. Se toma muy en serio porque pervierte la causa de la justicia. Ahora quiero que se dé cuenta de que no basta con decir cosas que son verdad. Un testigo falso puede decir cosas que son

verdad, pero no *toda* la verdad.
 Hay dos maneras de pervertir la verdad. Una es decir menos que toda la verdad y la otra es decir más que toda la verdad. Cualquiera de las dos formas es falso testimonio y perjurio. No basta con que lo que se diga de los demás sea cierto en sí mismo, hay que decir toda la verdad, dar el cuadro completo, y no añadirle ni un solo detalle. "Juro por Dios Todopoderoso decir la verdad" no es suficiente. "Toda la verdad" significa que no me guardaré nada. "Nada más que la verdad" significa que no adornaré con mis propias impresiones, opiniones o imaginaciones. Así que existe el delito de perjurio. Pocos de nosotros nos hemos encontrado en el estrado de un testigo ante un tribunal y, por lo tanto, no hemos sentido la tentación de ocultar la verdad o añadirla en un caso legal. Por lo tanto, puede que en este momento nos sintamos cómodos, pero vayamos un poco más lejos.

Existe otro tribunal, en el que todos somos testigos, y es el tribunal de la opinión pública. La única manera de evitar que en el banquillo de los testigos de ese tribunal es no abrir nunca la boca y hablar de otra persona. Si lo hace, se aislará y vivirá una vida de ermitaño. Cada uno de nosotros ha hablado de otras personas y ha dado testimonio de ellas ante el tribunal de la opinión pública. Lo que hemos dicho ha determinado si han sido tratados justa o injustamente por aquellos a quienes hemos hablado. Cada uno de nosotros ha estado en ese estrado.

La palabra "gossip" (chisme) tiene una historia interesante. Si lo llamara a usted "gossip" (chismoso), ¿cómo se sentiría? ¿Me volvería a hablar? Si se lo hubiera dicho hace quinientos años se habría sentido halagado, considerándolo un cumplido, pero ahora no. La palabra "gossip" originalmente tenía una "d". La palabra originalmente era "god-ship", y significaba un interés piadoso en otras personas, una preocupación en oración por ellas. Cuando los padrinos acudían al bautizo de un niño se les preguntaba: "¿Están dispuestos a ser piadosos (godships) por este bebé?". Luego se convirtió en "gossip" (chismorreo, de modo que un

No dar falso testimonio

chismoso era alguien que chismorreaba a Dios sobre otra persona y oraba por ella.

Luego decayó y se convirtió en una palabra que significaba un interés amistoso. En Enrique V, de Shakespeare, hay una escena la noche antes de la batalla de Agincourt en la que dos soldados hablan entre sí y se dicen lo amigos que son, por si los matan a los dos al día siguiente, y se describen el uno al otro no como amigos o colegas, sino como "eres mi gossip", que significa "eres mi compañero". Pero el significado ha cambiado. Hay dos citas que utilizo: George MacDonald dijo: "El chisme es una bestia de presa que no espera la muerte de la criatura a la que devora". Pascal dijo: "Si todos en el mundo supieran lo que cada uno dice del otro, no quedarían cuatro amigos en el mundo".

Es aleccionador pensar que a casi nadie le haría feliz que le contaran todo lo que ha dicho de otra persona. Esta es la forma en que incumplimos el noveno mandamiento.

Entonces, ¿cómo levantamos falso testimonio? Ya he dado algunas pistas. Por supuesto, podemos decir una mentira descarada sobre alguien. No somos muchos los que lo hacemos; creo que nos damos cuenta de lo que es. Quizá lo más parecido sea transmitir un rumor sin comprobar si es cierto, lo cual está muy cerca.

Pero hay formas más sutiles de incumplir este mandamiento. He aquí cuatro formas sencillas. Mediante selección de la verdad. Me refiero a transmitir solo algunos detalles, pero no la totalidad. Como ya he dicho, se puede crear una falsa impresión. Una mentira descarada no es tan peligrosa como una verdad a medias. La segunda forma en que podemos haberlo hecho es por sugestión. No decimos nada, solo insinuamos. Decimos algo así como: "Bueno, si no pasa nada raro, ¿por qué pasa tanto tiempo en su casa?". Ese es el tipo de cosas. Solo hay una insinuación y una sugerencia. No ha dicho una mentira descarada. Solo ha hecho una pregunta y ha sembrado una semilla. Lo tercero es el silencio: dejar que una historia que sabe que no es cierta quede

LAS INSTRUCCIONES DEL FABRICANTE

sin respuesta. Una cuarta forma de dar falso testimonio es estirar la verdad si sirve a su fin hacerlo, añadiendo detalles que no estaban en lo que recibió.

Dos comentarios más son pertinentes. En primer lugar, aunque la historia sea cierta, eso no significa necesariamente que sea correcto transmitirla. La Biblia enseña que, si es cierta, la persona a la que hay que transmitírsela es la persona afectada, no otra. En otras palabras, dígaselo a la cara y no a sus espaldas. Otra cosa que hay que mencionar es que se puede ser falso testigo *a favor* de alguien, en lugar de ser falso testigo en su contra. La adulación es ser falso testigo a favor de alguien. De vez en cuando me piden, debido a mi posición, que dé referencias de alguien, ya que se supone que las referencias de un ministro de religión tienen algún valor. Oí a un hombre de negocios decir que no lo era, porque invariablemente sería demasiado optimista y se limitaría a decir cosas bonitas. Me temo que ahora le advierto que si quiere una referencia le daré una honesta, porque creo que una referencia debe ser honesta. Se puede ser falso testigo a favor de alguien encubriendo algo, así como en su contra, exagerando la falta.

¿Por qué lo hacemos? ¿Por qué nos encontramos dando falso testimonio sobre otros en el tribunal de la opinión pública? Es asombroso lo fácil que nos resulta. Aquí hay algo horrible. A todos nos resulta demasiado fácil. Tratando de leer mi propio corazón y el de los demás, he aquí cuatro razones. La primera es la cobardía. A veces la gente da falso testimonio ante un tribunal porque tiene miedo de decir la verdad. Hay personas que saben cosas de sus vecinos y tienen miedo de contarlas. Tienen miedo de acudir a las autoridades por temor a represalias. La cobardía puede impedirnos decir toda la verdad.

La segunda razón son los prejuicios. Si hemos llegado a una opinión y los hechos no se ajustan a nuestra opinión, tendemos, si no tenemos cuidado, a tergiversar los hechos para adaptarlos a nuestra opinión. Es una de las debilidades de nuestra mente humana que podamos hacer esto. Como dijo una señora a otra

No dar falso testimonio

sobre una tercera: "No me gusta, y por todo lo que he dicho de ella nunca me gustará", lo cual es todo un comentario. Si hemos llegado a una convicción prejuiciosa, y luego nos llega el informe que no concuerda con lo que ya habíamos decidido, tenemos la tentación de ser falsos testigos.

La tercera razón es la avaricia. A veces podemos ganar algo. Dos en la oficina van a ser ascendidos. ¡Qué tentación es difundir algo sobre el otro candidato que pueda llegar a oídos del jefe y perjudicarlo en nuestro favor!

La cuarta razón, sin embargo, es la principal: la malicia. Lo cierto es que nos gusta y disfrutamos con los chismes. Si no disfrutáramos con ello, tres cuartas partes de los periódicos que se publican hoy quebrarían. El problema es que, si nos gusta que nos entre por el ojo o por el oído, no podemos negarnos el placer de que nos salga por la boca. Es una ley de la naturaleza humana. Lo que entra en una persona sale. ¿De dónde lo hemos sacado? Sencillamente, lo heredamos de nuestro padre. No de mi padre terrenal, ni de mi padre celestial, sino del otro. Jesús en una ocasión dijo a un grupo de hombres: "Ustedes son de su padre el diablo. Él es el padre de la mentira". De ahí lo sacamos; por eso lo hacemos. Volvamos al principio de la Biblia, y encontraremos desde el principio que el diablo, lejos de decir verdaderas mentiras, tergiversaba la verdad para que sonara como verdad, pero no lo era; esa es su naturaleza. Se acercó a Adán y Eva en el jardín y les dijo: "¿Les ha dicho Dios que no coman de ninguno de los árboles del jardín?". Allí solo había una palabra diferente de lo que Dios había dicho, pero tergiversaba todo el significado. Dios había dicho: "No comerán del fruto de un árbol del jardín". Fíjese que más tarde el diablo volvió a decir una verdad a medias. Dijo: "Si toman este fruto se les abrirán los ojos y serán como dioses", una verdad a medias. Tomaron la fruta y sus ojos se abrieron y fueron como animales.

Esta es la mente retorcida del diablo que no dice una mentira directa, dice una verdad a medias; tuerce una palabra. Note que,

LAS INSTRUCCIONES DEL FABRICANTE

porque el diablo lo hizo, y porque Adán y Eva se sometieron al diablo, ellos y sus hijos adquirieron el mismo hábito de torcer la verdad. Dios dijo: "Adán, ¿dónde estás?" y Adán dijo que estaba desnudo. ¿Por eso se escondía? Esa era solo la mitad de la verdad. Sí, estaba desnudo y se avergonzaba de estar desnudo, pero eso era solo la mitad de la verdad. "Caín, ¿dónde está tu hermano?" "¿Cómo voy a saberlo?" Ahora bien, eso no era una mentira. "¿Soy el guardián de mi hermano?" Eso no era una mentira, solo una pregunta. Pero puede ver cómo el diablo infectó a nuestra raza humana, y desde entonces nunca hemos tenido que enseñar a ningún niño a mentir, pero ha sido una lucha constante para nuestros padres enseñarnos a decir la verdad, toda la verdad, y nada más que la verdad.

Así que sigue ocurriendo. El nombre del diablo en griego es *diabolos*, que significa "calumniador". Un día había en la tierra un hombre bueno, un hombre que amaba a Dios, llamado Job. El diablo se dirigió al mismo Dios y le dijo: "Dios, ese hombre no te ama por ti mismo. Solo te ama porque le has dado un buen trabajo, una familia encantadora, salud y fuerza.

Dios le dijo: "Satanás, estás mintiendo".

Le contestó: "Quítale la salud, quítale la familia, quítale el negocio, y verás cómo es".

El diablo siempre está imputando motivos ocultos, siempre está calumniando a los hombres de Dios.

Un día llegó a este triste y enfermo mundo de mentiras, este mundo que el diablo controlaba (por lo que la verdad es un bien escaso), por primera vez, un hombre que dijo la verdad, toda la verdad, y nada más que la verdad. Su nombre era Jesús, y dijo: "Yo soy la verdad". Cuando vino a este mundo enfermo, la verdad se enfrentó a todas las mentiras. No hay ni rastro de adulación en nada de lo que Jesús dijo sobre los demás. Tampoco hay rastro de falsedad en nada de lo que dijo sobre la gente. Si llamó "zorro" a un hombre, cosa que hizo, ese hombre era un zorro. Si llamaba a un hombre o a una mujer una persona preciosa, entonces eran

No dar falso testimonio

preciosos. Todo lo que decía sobre los demás era cierto. Le hizo perder muchos amigos, pero era la verdad, toda la verdad y nada más que la verdad. Podía mirar en la vida de un hombre y describir esa vida de punta a punta, y siempre era verdad. Nunca cometió un error, nunca dio falso testimonio de nadie. Tampoco dio falso testimonio de sí mismo, ni siquiera por modestia. Hacía afirmaciones asombrosas de sí mismo, pero eran la verdad, toda la verdad y nada más que la verdad. ¿Qué le ocurrió a este hombre a la edad de treinta y tres años, este hombre que era el Hijo de Dios? Dios, que es la verdad, por lo tanto su Hijo es la verdad. La verdad vivió entre nosotros y vivió en un mundo de mentiras. ¿Qué iba a pasar? Usted lo sabe. Iba a haber una confrontación directa entre la verdad y la mentira y llegó en el juicio de Jesús. Si alguna vez hubo injusticia fue allí. Nunca ha habido tal caso de justicia errónea como en el juicio de aquel que era la Verdad.

Intentaron conseguir testigos falsos. No consiguieron que los testigos se pusieran de acuerdo, pero lejos de acusar a los testigos de perjurio y meterlos en la cárcel como se merecían (de hecho, la ley decía que debían morir porque estaban intentando perjurar a un hombre hasta la muerte), continuaron con el juicio. Finalmente, se encontró un testigo que dijo: "Este hombre dijo: 'Destruyan este templo hecho a mano y yo lo levantaré de nuevo en tres días, un templo hecho sin manos'".

Solo había una cita errónea en toda esa frase, pero fue suficiente para que el sumo sacerdote le hiciera a Jesús una pregunta capciosa: "Te conjuro, dinos, ¿eres tú el Hijo del Dios vivo?".

Jesús respondió con la verdad, toda la verdad y nada más que la verdad. Dijo: "Yo soy, y verán al Hijo del hombre venir en las nubes del cielo". Era la verdad, y lo condenaron a muerte por decir la verdad.

Jesús murió por no decir la verdad a sus ojos. "Blasfemia", dijeron. "Eso no puede ser verdad; no puedes ser el Hijo de Dios".

Creo que lo peor de todo, el clímax de todo, fue que incluso su mejor amigo dijo mentiras sobre él esa noche. ¿Puede ver que el diablo lanzó todo contra Jesús? El diablo se apoderó de todos los que pudo para que dijeran mentiras esa noche. Simón Pedro dijo: "No sé de quién estás hablando. No tengo nada que ver con él". Mentiras, mentiras, mentiras. El que era la verdad salió para morir. Si no hay un Dios de la verdad, eso habría sido el fin. Si no hubiera un Dios en el cielo que se preocupara por la verdad en la tierra, entonces Jesús sería ahora mismo como John Brown pudriéndose en su tumba. Pero hay un Dios de verdad y gloria, un Dios que no permitirá que las mentiras conquisten la verdad. El Dios de la verdad resucitó de entre los muertos al tercer día al que era la verdad. Desde aquella mañana del Domingo de Resurrección sabemos para siempre que la verdad es más poderosa que la mentira, y que Jesús es más poderoso que Satanás. Por lo tanto, podemos llevarle estas vidas nuestras manchadas que han quebrantado este mandamiento y podemos decirle: "Jesús, ¿podrías repetir esa victoria en mí?".

Es la única manera en que lo conseguiremos. ¡Solo trate de no chismorrear en sus propias fuerzas! Intente controlar usted mismo lo que dice. Nunca lo conseguirá. El Nuevo Testamento es muy realista en este asunto. Prácticamente admite que será una gran batalla. Puede que sea la última cosa que Dios tenga bajo su completo control. Santiago, el propio hermano del Señor, escribió: "Cuando tengas tu lengua bajo control serás perfecto". La gloria de esto es que el Dios que comienza una buena obra en nosotros la continuará hasta que esté completa. Él nos perfeccionará. Está decidido a hacerlo. Seguirá luchando con nosotros, castigándonos, humillándonos, amándonos y ayudándonos, hasta que gane esta batalla, porque la verdad debe vencer. De niño me lo recordaba constantemente una placa de latón que había sobre la chimenea de nuestro comedor, en la que se leía: "VINCIT VERITAS".

Lo glorioso es que no solo tiene en mente capacitarnos con su fuerza para que dejemos de dar falso testimonio *a* los demás, sino que también nos capacitará para que dejemos de dar falso testimonio *de* los demás. Porque todos los que defienden la

No dar falso testimonio

verdad en este mundo nuestro tendrán mentiras difundidas sobre ellos. No puede evitarlo. Le ocurrió a Jesús y le ocurrirá a usted. Por eso en el Sermón del Monte dijo: "Bienaventurados serán cuando digan toda clase de mal contra ustedes, mintiendo, por mi causa". Eso demuestra que pertenecemos al reino de los cielos y que seguimos a un noble ejército de profetas. Bienaventurados.

He aquí, pues, el significado del noveno mandamiento: la verdad. Santiago, el hermano del Señor, dijo más que ningún otro apóstol sobre el daño que puede hacer la lengua. En el capítulo 3 de Marcos leemos que la familia de Jesús "fue a hacerse cargo de él" porque se decía que "está fuera de sí".

Todos tenemos cosas que hemos dicho de las que nos arrepentimos amarga y profundamente. Cuando Jesús murió, murió para liberarnos de la pena de nuestro pecado y también de su poder. ¡Alabado sea Dios!

10

NO CODICIAR

He aquí uno de los peores casos de codicia de la Biblia. Es el relato de un rey que quería algo que no tenía.

Nabot, un hombre de Jezrel, tenía una viña en las afueras de la ciudad, cerca del palacio del rey Acab, y un día el rey habló con él para que le vendiera esa tierra. "La quiero para un huerto", le explicó el rey, "porque está muy cerca del palacio". Ofreció dinero en efectivo o, si Nabot lo prefería, un pedazo de tierra mejor a cambio.

Pero Nabot replicó: "Ni lo sueñes; esa tierra ha pertenecido a mi familia durante generaciones".

Así que Acab volvió a palacio enfadado y hosco. Se negó a comer y se acostó con la cara pegada a la pared. [Imagínese un rey haciendo eso] "¿Qué diablos te pasa?", le preguntó su esposa Jezabel. "¿Por qué no comes? ¿Qué te tiene tan alterado y enojado?".

"Le pedí a Nabot que me vendiera su viña o que me la cambiara y se negó", le dijo Acab.

"¿Eres el rey de Israel o no?", le preguntó Jezabel. "Levántate y come y no te preocupes".

Así que escribió cartas en nombre de Acab, las selló con su sello y las dirigió a los dirigentes civiles de Jezrel, donde vivía Nabot. En su carta, ordenaba: "Convoquen a los ciudadanos a ayunar y orar. Luego convoquen a Nabot y busquen a dos canallas que lo acusen de maldecir a Dios y al rey, y luego sáquenlo y ejecútenlo". Los padres de la ciudad siguieron las instrucciones de la reina. Convocaron

LAS INSTRUCCIONES DEL FABRICANTE

la reunión, enjuiciaron a Nabot, y entonces dos hombres, que no tenían conciencia, lo acusaron de maldecir a Dios y al rey, y fue arrastrado fuera de la ciudad y apedreado hasta morir. Los funcionarios de la ciudad enviaron entonces la noticia a Jezabel de que Nabot había muerto. Cuando Jezabel se enteró de la noticia, le dijo a Acab: "¿Sabes la viña que Nabot no te quiso vender? Pues ya puedes quedártela. Él ha muerto".

Así que Acab fue a la viña para reclamarla, pero el Señor le dijo a Elías: "Ve a Samaria a encontrarte con el rey Acab. Estará en la viña de Nabot, tomando posesión de ella, y dale este mensaje de mi parte: '¿No es ya bastante malo matar a Nabot como para que además le robes? Porque has hecho esto, los perros lamerán tu sangre fuera de la ciudad igual que lamieron la sangre de Nabot'".

"Así que mi enemigo me ha encontrado", exclamó Acab a Elías.

"Sí", respondió Elías, "he venido a echar sobre ti la maldición de Dios, porque te has vendido al diablo. El Señor te va a hacer mucho daño y te va a barrer. No dejará que sobreviva ni uno solo de tus descendientes varones. Destruirá a tu familia, como hizo con la familia del rey Jeroboán y con la familia del rey Basá, porque lo has enfurecido y has llevado a todo Israel al pecado. El Señor también me ha dicho que los perros de Jezrel despedazarán el cuerpo de tu esposa, Jezabel. Los miembros de tu familia que mueran en la ciudad serán devorados por los perros, y los que mueran en el campo serán devorados por los buitres".

1 Reyes 21:1–24

Nadie estaba tan completamente vendido al diablo como Acab, pues su esposa Jezabel lo alentaba a hacer toda clase de maldades. Ese fue el pedazo de tierra más caro que jamás compró. Le costó

No codiciar

todo: su vida, su trono, su familia, su esposa, todo, y todo porque quería el jardín trasero de un hombre, uno de sus vecinos. El pasaje que sigue se titula *"Quiero"*.

"Si tan solo... Quiero poder hacer lo que me gusta. Si tan solo hubiera terminado con la escuela. Quiero irme de aquí. Si tan solo fuera mayor. Quiero recorrer lugares antes de asentarme. Si tan solo mis padres me dejaran en paz. Quiero ser popular. Si tan solo tuviera coche. Quiero que me dejen en paz. Si tan solo tuviera mucho dinero. Quiero ser famoso. Si tan solo pudiera conseguir un trabajo mejor. Quiero disfrutar de la vida antes de ser viejo. Si tan solo la gente me dejara en paz. Quiero casarme. Si tan solo pudiera comprarme ropa mejor. Quiero una vida mejor. Si tan solo hubiera algo que hacer. Quiero; no sé lo que quiero. Si tan solo... Quiero. Quiero".

Eso lo escribió una persona joven. Una de las extrañas leyes de la naturaleza humana es que cuanto más tenemos, más queremos. Es extraño que sigamos creyendo esta ficción, porque es una ficción: que, si solo pudiéramos tener eso, entonces estaríamos satisfechos. Si tan solo pudiéramos alcanzar esta meta, si tan solo pudiéramos poseer aquello, si tan solo pudiéramos ser como fulano o mengano, entonces por fin seríamos felices. Sin embargo, en general son los países más ricos los más adquisitivos, y cuanto más tenemos, más queremos. Este país tiene tanto en comparación con dos tercios de la población mundial, y sin embargo la mayoría de las elecciones aquí se ganan sobre una cuestión: el dinero en el bolsillo, el aumento de la prosperidad, más bienes. Pero no voy a enseñar aquí sobre la escena política o social porque el décimo mandamiento se dirige principalmente no a los países ricos en contraposición a los pobres, sino al individuo. En el mandamiento la palabra "tú" está en singular. Pero he mencionado la cuestión general de la pobreza y la riqueza porque la codicia

LAS INSTRUCCIONES DEL FABRICANTE

se ve en su naturaleza más horrible cuando nos damos cuenta de que deberíamos estar entre las personas más agradecidas de todo el mundo. Deberíamos estar completamente contentos con lo que tenemos. Alguien ha dicho que, si se invitara a todo el mundo a poner sus problemas en un gran montón, y se invitara a cada persona a llevarse una parte justa, preferiríamos volver a nuestro estado original.

En el décimo mandamiento nos ocupamos de algo muy simple: la codicia. Es el único de los diez mandamientos que se refiere a los pensamientos y sentimientos internos más que a los actos o palabras externos. Es el que va directo a nuestros corazones, y es el único de los diez que Saulo de Tarso no cumplió como judío devoto. Dijo que, en cuanto a la ley, en cuanto a la apariencia externa, era irreprochable. Era un hebreo de los hebreos, un fariseo de los fariseos. Nadie podía reprocharle nada sobre la ley por la sencilla razón de que nadie podía ver dentro de su corazón. Pero en sus momentos de auto admisión, en Romanos capítulo siete, dice que, como fariseo había una ley que no podía cumplir: "No codiciarás". Los fariseos eran notorios por esto, también.

Cuando miro a través de la Biblia, encuentro que hombre tras hombre y mujer tras mujer fueron arruinados por esta única cosa. He aquí una lista rápida que hice. En el Antiguo Testamento comencé con una mujer: Eva. Ella vio algo que no debía tener, y lo quiso, así que no pasó mucho tiempo antes de que lo tomara. La siguiente persona que anoté fue un hombre: Lot. Cuando Abraham y Lot miraron la Tierra Prometida, Abraham, que era el hombre mayor, el tío, le dijo a su sobrino: "¿Qué parte del país quieres?". Lot miró hacia el valle del Jordán y vio que era próspero y fértil, y dijo: "Me quedo con eso", y se fue a vivir a un lugar llamado Sodoma, al lado de otro lugar llamado Gomorra, y eso casi arruinó a Lot.

La siguiente persona fue un hombre que llevó a toda una nación a un milímetro del desastre porque vio algo que pertenecía a otra persona y lo quiso. Se llamaba Acán. Puede leer la historia en el

No codiciar

libro de Josué cuando los israelitas, habiendo derrotado a Jericó, fueron a tomar la ciudad de Hai. No sabían que un hombre entre ellos había visto algo en Jericó y lo había tomado porque lo codiciaba. No lograron tomar la ciudad de Hai porque Dios sabía lo de Acán. Puse a los hijos de Elí, el sacerdote que entrenó a Samuel cuando era niño. Los hijos de Elí arruinaron el ministerio de su padre y perdieron el suyo porque codiciaron y fueron avaros. Luego estaban los propios hijos de Samuel, que sufrieron la misma falta. Luego Saúl, el primer rey de Israel. Luego Acab. Luego el siervo del profeta Eliseo, un hombre llamado Guiezi, que no iba a dejar que Naamán se curara por nada y quería algo a cambio. Uno encuentra una y otra vez, a lo largo de las páginas de la Biblia, hombres y mujeres arruinados por la codicia.

Cuando pasamos al Nuevo Testamento, la situación no cambia. El primer hombre anotado aquí fue Judas. A menudo decimos que vendió a su Salvador por treinta monedas de plata. No lo hizo, se vendió a sí mismo por treinta monedas de plata. Vendió su vida; no vivió otras veinticuatro horas. Estaba Simón el Mago, el hombre que vio a Simón Pedro imponiendo las manos sobre la gente y ellos recibieron poder; el Espíritu Santo vino sobre ellos. Simón el Mago sacó su cartera y dijo: "¿Cuánto por el secreto del truco? Yo también soy mago y me gustaría tu truco; me gustaría tu secreto". Pedro dijo: "Al diablo contigo y con tu dinero. Arrepiéntete de esto".

Ananías y Safira. Supongo que se podría decir, desde un punto de vista, que fueron los primeros "mártires" cristianos, pero fueron mártires de las posesiones, no de la fe. Demetrio es una de las figuras más tristes de toda la Biblia y solo hay una frase sobre él: "Demetrio fue un hombre que descubrió que la codicia era demasiado para él". Y así podría seguir: Félix fue otro, Demas fue otro. Las páginas de las Sagradas Escrituras están llenas de hombres y mujeres cuyas vidas se arruinaron por culpa de la avaricia.

La Biblia relaciona la avaricia muy estrechamente con los

LAS INSTRUCCIONES DEL FABRICANTE

ojos. La vista es un don, pero en algunas personas estimula la codicia. Eva vio el fruto en el árbol, lo deseó y lo tomó. Acán vio un hermoso adorno que deseaba y lo tomó. Hoy tenemos que caminar por un mundo en el que los anunciantes nos dicen que queramos, deseemos y volvamos a desear. Es muy difícil cuando ni siquiera podemos ver un programa en la televisión sin que nos interrumpan con alguien diciendo: "Todo el mundo tiene esto, millones de personas tienen esto, ¿por qué no lo tienes tú?". Vivimos en un mundo presionado, en el que se fomenta la codicia por razones comerciales. No es fácil contentarse con lo que se tiene cuando se ve lo que tienen los demás.

Una de las influencias más profundamente perturbadoras en todo el mundo es la difusión de los medios de entretenimiento. Personas que trabajan en las regiones más pobres del mundo me han dicho que lo que ha provocado un profundo resentimiento, ira, descontento y determinación por tener más es el hecho de que Hollywood les haya exportado películas que han mostrado un nivel de vida y un modo de vida en apartamentos exuberantes con los que estas personas nunca soñaron hasta que los medios de comunicación de masas llegaron a su país. No estoy diciendo que debamos dejarlas en su pobreza. Lo que digo es que hemos alardeado de un modo de vida que estaba a un millón de kilómetros del suyo.

Ahora bien, la codicia tiene un primo segundo llamado "orgullo". Ambos van a menudo de la mano. Somos codiciosos porque somos orgullosos. Quiero referirme a tres hábitos comunes que revelan nuestra codicia. El primero es el hábito de coleccionar cosas. No digo que sea un hábito malo, sino que el hábito de coleccionar cosas conlleva una terrible tentación. ¿Cuál es tu colección? ¿Sellos? ¿Antigüedades?

Recuerdo que un domingo fui a comer con un hombre en cuya iglesia había predicado. Me dijo: "Me gustaría mostrarle mi colección después. He pasado muchos años coleccionándola". Me mantuvo intrigado. No quiso decirme de qué se trataba.

No codiciar

Después de comer, me llevó a la esquina de la casa, donde había un enorme hangar. Abrió de par en par las puertas y dentro había unas veinticinco diligencias, todas allí encerradas. Debía de haberse gastado una fortuna en ellas, todas bellamente renovadas. Allí estaban: "Mis diligencias, mi colección". Ahora bien, si es aficionado a coleccionar cualquier cosa, debe plantearse dos preguntas: ¿qué me aporta a mí mi colección y qué puede aportar a otra persona?

Existe cierta necesidad de coleccionar, de preservar lo que es valioso del pasado. Es necesario coleccionar cosas que puedan ayudar a otras personas. Pero si mi colección solo me hace más orgulloso o más codicioso, solo me hace querer más y más de esta cosa para poder decir "tengo más", entonces nos hemos convertido en poseídos por nuestras posesiones. Si, por el contrario, lo hago para poder conservar para los demás y compartir con ellos algo que les interesa y les aporta valor, entonces la cosa es muy distinta. Lo menciono porque es un hábito común. La mayoría de nosotros colecciona algo.

En segundo lugar, está el hábito de regatear. A todo el mundo le gustan las gangas. "¿Sabes por cuánto lo conseguí?". Tenemos que vigilar que en nuestro regateo no estemos alimentando esa cosa llamada codicia. A veces nos encanta una ganga porque lo conseguimos por menos de su valor. Lo llevo en la sangre. Estaba en la sangre de mi abuelo, y mi abuela solía pasarse los días de su jubilación enviándolo de vuelta a las salas de subastas con trastos inútiles. Pero él decía: "Mira, tengo este cuadro tan grande y bonito por solo diez chelines".

"Devuélvelo", decía mi abuela, ¡o no habría sitio en casa para ella!

Vi una viñeta preciosa en una revista. Mostraba un escaparate lleno de abrigos de piel, con rebajas de hasta el cincuenta por ciento. Había una señora mirando, y un manso maridito estaba a su lado, murmurando para sí: "Podría decirle cómo ahorrar el cien por cien". Debemos preguntarnos: ¿estoy comprando algo

LAS INSTRUCCIONES DEL FABRICANTE

que no quiero y no necesito porque apela a mi codicia conseguirlo a ese precio?

El tercer hábito, muy común, que ha arrasado nuestro país y que está pudriendo las entrañas morales de la nación, es el hábito del juego, mencionado anteriormente. Hay muchas formas, algunas muy sutiles. Nos engañaron cuando se introdujeron los bonos con prima. Se dijo que no era una apuesta. ¿Y qué es? Uno está apostando el interés, no el capital. Esa fue la primera vez, en mucho tiempo, que nuestra nación introdujo oficialmente el juego en nuestra vida económica. Pero ahora es una enfermedad nacional, y muchos gastan mucho más en juego que en comida.

Una vez fui a visitar a un moribundo y nunca lo olvidaré. Estaba tumbado en su cama tosiendo. ¿Sabe lo que estaba haciendo en sus últimas horas, cuando debería estar preparándose para encontrarse con su Creador? Estaba rellenando una quiniela. Le pregunté: "¿Por qué haces eso en este momento?".

Me contestó: "Porque no he hecho ninguna otra provisión para mi familia y lo estoy apostando todo en esto". Es un hábito que complace a la codicia, y un jugador es un mal empleador. Intenta conseguir algo a cambio de nada y enriquecerse rápidamente.

¿Qué hay de malo en la avaricia? ¿Qué hay de malo en querer lo que otro tiene? ¿Por qué no? Ellos lo tienen, ¿por qué no debería yo quererlo?

En primer lugar, es un pecado que puede arrastrar a un hombre al infierno, pero no creo que Dios nunca llame a una cosa pecado por ninguna razón arbitraria. Él no dice simplemente: "Creo que llamaré a eso pecado porque parece que lo están disfrutando". Él no piensa así. Cuando Dios llama a una cosa pecado, lo hace porque es mala para nosotros. Y, porque él nos hizo, él sabe lo que es mejor. Él sabe a largo plazo lo que la avaricia le hace a una persona; sabe que la destruirá.

Hay tres cosas que la Biblia dice acerca de la avaricia, sobre codiciar. Primero, que el corazón del hombre es drogado. Segundo, que la mente del hombre es engañada. Tercero, que el

No codiciar

alma del hombre es destruida.

Primero, el corazón del hombre es *drogado*. Lo extraordinario es que cuanto más tiene, más quiere. Nunca estará satisfecho. Siempre estará soñando con un negocio más grande; siempre estará derribando sus graneros y construyendo otros más grandes.

Recuerdo haber oído hablar de un comerciante de ganado que estaba tan ocupado ganando dinero con el ganado que finalmente tuvo una crisis nerviosa, y su médico lo envió al sudoeste de Inglaterra para que descansara por completo, para que se recuperara. Cuando llegó allí, tomó su primera comida en el hotel y, tras ella, se dirigió directamente al mostrador de recepción y le dijo al recepcionista: "¿Sabe usted de algún granjero por aquí que pueda tener ganado para vender?". No pudo evitarlo. El corazón de un hombre es drogado. Se obsesiona con sus deseos más que con sus necesidades.

Lo segundo es que la mente del hombre es *engañada* en dos aspectos. Una cosa es que se engaña pensando que tiene éxito cuando tiene mucho. Incluso usamos la frase de un hombre que ha hecho mucho dinero: "Le ha ido bien". Pero ¿es así? En eso puede estar muy engañado. El otro engaño es que un hombre no solo se engaña en su mente en cuanto a su éxito, sino que se engaña en cuanto a su seguridad. "Descansa. Te ha ido bien. Has construido un negocio. Has llenado tus graneros. Ahora descansa, retírate y disfruta". Pero Dios dice: "Tonto, no lo disfrutarás porque esta noche vas a dejarlo. Hoy se te pedirá tu alma".

En tercer lugar, el alma del hombre es *destruida*. Jesús dice, en una de sus inigualables historias, que la semilla de la Palabra de Dios puede ser plantada en la vida de alguien, una semilla que podría germinar y producir vida, y queda ahogada por la cizaña. ¿Cuáles son esas malas hierbas? Estudiamos la interpretación de Jesús de la parábola del sembrador: el engaño de las riquezas ahoga. Un hombre que podría haberse salvado es ahogado y la semilla nunca germina y la vida espiritual nunca llega y él ha matado su alma. ¿Qué provecho saca un hombre si puede decir:

LAS INSTRUCCIONES DEL FABRICANTE

"Soy dueño del mundo; me he apoderado de todos los negocios que he podido en mi línea. Ahora es una empresa mundial"? ¿Qué beneficio obtiene si pierde su propia vida? ¿Cuál es la cura? Aquí hay cuatro pasos. El primero es la *conversión*. Es muy difícil convertirse si uno es rico. Según los estándares de la Biblia, la mayoría de las personas en nuestra sociedad son ricas. Jesús dijo que es difícil para un hombre rico. Es más fácil pasar un camello por el ojo de una aguja que llevar a un rico a la gloria. Esa es una de las razones por las que es tan difícil conseguir que la gente se convierta en Inglaterra hoy en día: porque somos ricos. Nos paseamos en nuestros coches. No necesitamos nada. *Queremos* muchas cosas, pero la mayoría de nosotros no *necesitamos* nada.

Así que somos ricos, y Jesús dijo que es difícil. Pero no hay esperanza para un hombre hasta que se convierta: el primer paso. Hubo un joven rico que vino a Jesús. Es uno de los incidentes más tristes registrados. Se acercó a Jesús, que le dijo cómo vivir para siempre, y él sabía que era lo correcto. Se apartó tristemente, y Jesús lo dejó ir porque tenía demasiada avaricia. Todavía tenía preso a su corazón. Conversión significa cambiar del hijo pródigo que dijo "Dame" al hijo pródigo que dijo "Perdóname".

El segundo paso es la *consagración*. Habiendo sido perdonado, entregarse uno mismo y sus posesiones a Dios. Un predicador visitante habló de cómo lo hizo. Hizo una lista de todo lo que poseía. Estaba asombrado. No creía tener mucho, pero llenó varias hojas de papel tamaño oficio. ¿Ha escrito alguna vez todo lo que tiene? SE quedará asombrado de lo mucho que tiene. Luego repasó la lista y dijo: "Señor, voy a entregarte cada una de estas cosas, y tú me dices con qué me puedo quedar y de qué quieres que me deshaga. ¿Mi cámara?".

El Señor dijo: "Puedes quedarte con eso. Puedo usarla". Así que la marcó.

"¿Mis discos?".

"No, puedes deshacerte de ellos". Así que puso una cruz.

No codiciar

Fue pasando por cada cosa de modo que incluso las cosas que conservaba las había regalado. ¿Entiende? Eso es lo que significa la consagración. Así que uno ya no habla de "mi casa" o "mi coche". Es *su* negocio, *su* coche y *su* casa.

El tercer paso es aprender *contentamiento*. Es una de las lecciones más difíciles de la vida, y algunas personas tardan muchos años en aprenderla. Pero ahí estaba Pablo, un hombre que podía decir: "Estoy contento con mucho o con poco". Ese es el gran secreto. ¡Qué lección! Dios quiere que algunas personas tengan mucho porque pueden utilizarlo para él, y a otras las deja con poco. Sin embargo, los que realmente han aprendido que el Señor es su Pastor dicen: "Nada me falta. He aprendido a contentarme con mucho o con poco". No sé cuál es la lección más difícil de aprender: sospecho que aprender a contentarse con mucho cuando hay otras cosas a nuestro alcance.

El cuarto paso es aprender a *redirigir nuestra codicia* en la dirección correcta. ¿Sabe en qué parte del Nuevo Testamento se dice a los cristianos que codicien? La codicia correcta es la respuesta a la codicia incorrecta. *Codiciar* es querer algo que otro tiene, quererlo para uno mismo. No debe codiciar la casa de su prójimo, su esposa, su burro, su sirviente, nada. ¿No es un orden interesante? La casa en primer lugar, la esposa en segundo, el burro en tercero. Pero, de todos modos, no debe codiciar nada que sea suyo excepto una cosa. La Biblia dice: "Codicien los dones espirituales".

¿Por qué? Porque esos dones, cuando leemos sobre ellos, son dones que le permitirán servir a otras personas, de modo que está codiciando algo que lo ayudará a ayudarlas.

Eso es lo que debemos codiciar. Debemos codiciar ministerios para otras personas. Debemos codiciar los dones del Espíritu para poder compartir con otros las riquezas de Cristo. Debemos codiciar aquello que nos permita dar, no recibir, no codiciar dones que nos permitan ganar mucho dinero. ¡Oh, qué dones hay que codiciar!

LAS INSTRUCCIONES DEL FABRICANTE

En resumen, estos son los cuatro pasos: *conversión* (reconciliarse con Dios; "perdóname"); *consagración* ("Señor, ahora no solo me tienes a mí, sino que me has comprado a mí, mi ropa, mi casa, mi trabajo; lo has comprado todo; aquí está, todo"); y aprender a *contentarnos* con lo que el Señor nos devuelva. Puede que nos dé mucho o puede que nos dé poco, pero contentémonos. Codiciemos aquellas cosas que nos permitirán salir a un mundo necesitado y dar a la gente lo que necesita.

¿Se das cuenta de que el Señor Jesús nunca tuvo una casa? No tenía dónde reclinar la cabeza. Acabó sin nada, porque incluso le quitaron la ropa y se la jugaron. Sin embargo, estaba contento. Tenía todo lo que necesitaba, pero tenía más. Tenía todo lo que los demás necesitaban, y se lo daba. Era rico, pero por nosotros se hizo pobre, para que nosotros, a través de su pobreza, nos enriqueciéramos. Vino al mundo en un establo sucio y no había ni siquiera una cuna o un cochecito donde meterlo. Cuando dejó el mundo, solo dejó su paz, pero sus riquezas son suyas si cree.

www.ingramcontent.com/pod-product-compliance
Lightning Source LLC
Chambersburg PA
CBHW052034070526
44584CB00016B/2039